Maria Pasquale

LA CITTÀ ETERNA

DAS ROM KOCHBUCH

LA CITTÀ ETERNA

Maria Pasquale

DAS ROM KOCHBUCH

Eine kulinarische Reise durch Italiens Hauptstadt

riva

Für meine Wahlheimat und allezeit Ewige Stadt Rom. Du bist immer so sehr gut zu mir gewesen und mein Herz gehört auf ewig dir.

Und für meine Eltern, weil sie mich ermutigt haben, zu träumen und mich ganz und gar auf unser Erbe einzulassen.

INHALT

ALTARE PRIVILEGIATVM

EINLEITUNG

Meine Liebesbeziehung mit Italien begann vor über 30 Jahren …

Wie alle Liebesbeziehungen war sie berauschend, aufregend und leidenschaftlich. Es hat Hochs und Tiefs gegeben und Zeiten, in denen wir uns fast getrennt hätten. Ich bin in Melbourne als Kind italienischer Eltern geboren, aber irgendwie wusste ich: Italien war mein Schicksal.

In Australien wuchs ich in einem Haus voller Menschen auf; regelmäßig gab es Zusammenkünfte, die sich ums Kochen und Essen drehten.

Alles, was ich als Kind und junge Erwachsene in der Küche lernte, verdanke ich meiner italienischen Mutter. Sie kam als erst Dreijährige nach Australien und verbrachte ihre prägenden Jahre in einem Haushalt mit italienischen Migranten, die versuchten, ihr neues Leben in einem neuen Land zu verstehen. Sie erzählt noch immer, wie ein Schemel für sie angefertigt wurde, damit sie an Tisch und Spüle heranreichen konnte. Oft hat sie ihrer Mutter geholfen, auf einem langen Holzbrett Pasta und auch traditionelle Süßigkeiten und Gebäck herzustellen, die schließlich die Düfte und Geschmäcker meiner eigenen Kindheit wurden.

Mein Vater kam als junger Erwachsener nach Australien. Bis heute, nach über 50 Jahren in seiner Wahlheimat Melbourne, hat er noch einen italienischen Akzent, ist Fan der italienischen Fußballmannschaft und steht mitten in der Nacht auf, um sich Spiele live aus Italien anzusehen, und er ist selig, wenn meine Mutter ein Gericht kocht, das ihn nostalgisch in seine Kindheit in Abruzzo (Region Abruzzen) zurückversetzt. Gemeinsam gaben meine Eltern mir und meinen Geschwistern eine tiefe Liebe zu Italien mit, die über Generationen weiterleben wird.

Stets war zu Hause die italienische Sprache zu hören, ebenso italienische Musik und italienisches Fernsehen. Italienische Traditionen und Gebräuche galten nicht als lästige Pflicht oder Zwänge, sondern einfach als Lebensweise. Als Kinder wurden wir dazu angehalten, Italienisch in der Schule zu lernen, und mein Bruder und ich gingen in die italienische Samstagsschule. Ich erinnere mich, dass ich mich damals ärgerte, dass andere Kinder am Wochenende hinausgehen und spielen konnten, aber ich, als Einwandererkind in Australien, musste mich hinsetzen und mein Italienisch perfektionieren.

Blicke ich heute zurück, dann danke ich meinen Eltern für diese Entscheidung, denn erst als Erwachsene weiß ich es zu schätzen – es ist ein Geschenk, wenn man ermutigt wird, das eigene Erbe wirklich anzunehmen. Und das Geschenk dieser wunderschönen Sprache hat mich durch die Beziehungen, die ich heute habe aufbauen können, mit meiner kulturellen Vergangenheit verbunden. Vom freundlichen Geplauder auf meinem hiesigen Markt über die herzliche Begrüßung in meiner Trattoria um die Ecke, bis hin zu tieferen Gesprächen über kulinarische Traditionen mit den Größen der italienischen Küche, hat mich die Sprache an sich gelehrt, was es bedeutet, italienisch zu sein.

Die immerwährenden Bindungen an Italien sind seit meiner Kindheit tief in mir verankert, wurden gepflegt, als ich Teenager war, und haben mich schließlich als Erwachsene definiert.

Mit sechs Jahren war ich zum ersten Mal in Italien. Das war in den 1980er-Jahren, und meine Erinnerungen an die kleinen Städte Italiens im Sommer bestehen aus Gelato-Essen in der Bar meines Onkels, Begegnungen mit meinen Großeltern väterlicherseits und dass ich bis in die frühen Morgenstunden draußen auf der Dorf-Piazza war. Lebhaft erinnere ich mich, heimlich von Großvaters selbst gemachtem Wein gekostet zu haben, und der Duft von frisch zubereitetem Kaffee ruft noch immer das Bild hervor, wie meine Großmutter jedem willkommenen Besucher Caffè servierte.

In den 1990er-Jahren reisten wir wieder als Familie nach Italien, mein dritter Besuch im Alter von 16 Jahren aber war für mich ein Wendepunkt.

Es war Winter, und Winter in den mittelitalienischen Abruzzen bedeutet Frost und Temperaturen unter null. Zudem war Jagdsaison für Schweine und ich erinnere mich, dass ich eines morgens von Schüssen erwachte und später ein Schwein in der Garage meines Onkels zum Ausbluten und Trocknen hängen sah. Der Wein, den wir tranken, wurde aus den Trauben vom Weinberg unserer Familie hergestellt, und viele Lebensmittel, die wir aßen, kamen vom Land. Zum ersten Mal erlebte ich das Prinzip »nose-to-tail«, also die komplette Verwertung der Schlachttiere, und es weckte meine Neugier für Lebensmittel und die Dinge, welche die italienische Kultur ausmachten – die Sprache, die Lebensweise und die Menschen. Diese Reise veränderte mich für immer und ich wusste einfach, dass ich eines Tages in Italien leben würde.

Ich brauchte fast 20 Jahre, um den Mut dafür aufzubringen. In meinen Zwanzigern reiste ich über ein Dutzend Mal nach Rom und weinte jedes Mal, wenn ich die Stadt verließ. Ich hatte das Gefühl, als gehörte ich nach Rom, und die Anziehungskraft wurde schließlich so stark, dass sie nicht zu ignorieren war. Ich liebte die erhabene Grandezza der römischen Monumente, die ockergoldene Farbe der ältesten Mauern, die ich je gesehen hatte, und das Chaos und die verschlungenen

Kopfsteinstraßen, die an jeder Ecke Geschichte verströmten. Ich konnte nicht fassen, dass eine quirlige, moderne Metropole in Harmonie mit Relikten und Ruinen aus der Vergangenheit sein konnte. Ich liebte es, der Nase nach durch die Straßen zu gehen und mich ganz und gar in ihnen zu verlaufen. Es gab mir das Gefühl, zu leben, ich verliebte mich hoffnungslos in die Ewige Stadt und fragte mich: Kann eine Liebesbeziehung für immer andauern? Was soll ich sagen, ich wollte es herausfinden.

2011 ließ ich mein Leben in Australien hinter mir und zog nach Rom. Ich habe nie woanders als in Melbourne gelebt; in Rom kannte ich nur einen einzigen Menschen. Ich wusste, dass es schwer würde, und das war es – ich hatte Angst, kämpfte, fühlte mich anfangs einsam und sogar verstoßen. Heute weiß ich: Es hat sich gelohnt.

Anfangs, als ich nach Rom zog, wusste ich, dass Essen weiterhin eine wichtige Rolle in meinem Leben spielen würde, doch ich wusste nicht, wie sehr. In einem Land, das für seine Speisen berühmt ist, besitzt Rom eine faszinierende und einzigartige Küche, die unlösbar mit seiner Geschichte verknüpft ist. Die Cucina romana gründet auf den Prinzipien der Cucina povera – wörtlich »Arme-Leute-Küche«, also traditionell den Gerichten der unteren Klassen – und Einflüsse aus dem antiken Rom bis hin zu jüngeren Ereignissen spiegeln sich in der Essenskultur der heutigen Ewigen Stadt wider. So leidenschaftlich, wie die Römer sind, überrascht es nicht, dass das Speisen sehr ernst genommen wird. Von Carbonara-Rezepten bis zu Techniken des Artischockenfrittierens kann einfach alles, was mit Essen zusammenhängt, diskutiert werden und in Rom, und letztlich in der ganzen Welt, große Debatten auslösen.

Meinen Blog *HeartRome* begann ich zunächst ohne ein bestimmtes Ziel außer dem, meine neuen italienischen Erfahrungen mit meiner Familie und den Freunden zu Hause zu teilen. Dann kam ich durch erste soziale Kontakte zu einem Traumjob im Food-Tourismus. Mein Blog nahm allmählich Fahrt auf und ehe ich es mich versah, waren Schreiben, Essen und Reisen meine Welt geworden. Rom, meine Muse und Inspiration, war meine Arbeit, mein Leben, mein Glück, meine Liebe geworden.

Als ich begann, Roms Geheimnisse zu enträtseln und aufzudecken, offenbarte die Stadt sich mir als modernes Wunder. Dieses Open-Air-Museum hat jahrhundertelang Kaiser und Päpste erlebt, politische und künstlerische Bewegungen, Triumphe und Tragödien. Rom ist eine Stadt, in der Vergangenheit und Gegenwart Seite an Seite stehen und in einer schmerzhaft schönen und dennoch oft komplexen Art und Weise interagieren. Mein Viertel – Trastevere – ist quasi der Stoff, aus dem die Filmkulissen sind. Für mich ist es eine weiße Leinwand gewesen, und ich habe begonnen, sie mit meiner eigenen Geschichte zu bemalen und zu gestalten – meinem ganz persönlichen Film mit Rom in der Hauptrolle.

Dieses Buch ist der Stadt gewidmet, die mich aufgenommen hat und wachsen ließ, die mir neues Leben gegeben hat. Meine Geschichten sowie Rezepte, die ich gekostet habe, kleine Ausschnitte aus dem, was ich gelernt habe, und einige der wunderbaren Menschen, denen ich unterwegs begegnet bin, habe ich in dem Buch zusammengebracht.

Jedes Kapitel ist auf ein bestimmtes Speisekonzept ausgerichtet, das bei den meisten Römerinnen und Römern zum Alltag gehört. Während viele klassische Kochbücher oft in chronologischer Abfolge danach aufgebaut sind, wie und wann man etwas isst, habe ich es in Rom eher erlebt, dass die Gerichte stärker dadurch identifiziert und definiert werden, wo man isst. Die Trattoria beispielsweise gibt es zwar in ganz Italien in kleinen und großen Städten, sie ist aber praktisch ein Synonym für Rom, und die Gerichte, die man hier genießt, unterscheiden sich erheblich von denen, die man in einem Restaurant, einem Bistro oder einer Weinbar finden würde. In der Pasticceria gibt es Kuchen, im Biscottificio Kekse und Gebäck und im Forno Brot und andere Backwaren. Wenn ich in frittierten Köstlichkeiten schwelgen möchte, gehe ich in die Friggitoria, und Pizza isst man normalerweise in Gesellschaft von Freunden in La Pizzeria.

Die Rezepte, die ich für dieses Buch ausgewählt habe, liegen mir am Herzen. Es sind die Gerichte, die ich in Restaurants esse, zu Hause bei Freunden, unterwegs, oder die ich selbst zubereite. Mit einer oder zwei Ausnahmen sind es keine umgemodelten Versionen oder modernen Ausführungen, sondern römische Klassiker.

Einige Restaurants, Bäckereien, Lebensmittelgeschäfte und andere Fachleute – zum Beispiel Roms einzige weibliche Köchin mit Michelin-Stern, meine Freundin Cristina Bowerman – haben mich großzügigerweise an ihren Rezepten teilhaben lassen. Andere habe ich bei römischen Freunden gesammelt, zum Beispiel bei Angelo Preziosi, einem wunderbaren Koch, und bei Toni Brancatisano, Foodguide und Autorin, die leidenschaftlich gern kocht und wie ich Wahlrömerin ist.

Meine Geschichten und Erinnerungen des letzten Jahrzehnts sind naturgemäß mit all diesen Orten und Menschen verbunden. Gemeinsam bilden sie den Stoff meines Lebens in Rom – einer Stadt, die wie ihre Bewohner voller Widersprüche steckt. Wo in Trasteveres Straßen alte Fiats 500 neben Smarts parken, wo Nonnen und Mönche telefonierend oder sogar mit Selfiesticks über den Petersplatz spazieren, wo Korruption und Großzügigkeit im Geist nebeneinander bestehen, wo Vespas am Kolosseum vorbeibrausen und wo man durch das Taxifenster Polizisten im Schatten des Forum Romanum und des kaiserlichen Forums den irren Verkehr auf der Piazza Venezia lenken sieht.

Diese Stadt ist ewig, denn sie ist vielschichtig, dynamisch und immer im Wandel, bleibt jedoch stets dieselbe. Sie ist unendlich.

Wie Rom selbst ist das Buch *La città eterna* (deutsch: *Die ewige Stadt*) da, um sich von Ihnen lieben und enträtseln zu lassen.

Baci, *Maria*

MONTES·PACEM·POPVLO·ET·COLLES
FREUD

Ich habe Rom als Stadt aus Backsteinen vorgefunden und als Stadt aus Marmor hinterlassen.

CAESAR AUGUSTUS

Ristorante Dolce Vita

LA TRATTORIA

Meine ersten Erinnerungen an Essen in dem Lokal, das meine ureigene »Trattoria di fiducia« geworden ist, werden mir immer kostbar bleiben. Der Ausdruck bedeutet wörtlich Trattoria des Vertrauens, aber er wird beschützerisch verwendet, um klarzumachen: Hier komme ich zum Essen hin, hier kennt man mich.

Im Gegensatz zu einem Restaurant geht man in die typische römische Trattoria, um einfach mit der Familie, mit Kollegen oder Freunden zwanglos gemeinsam zu essen; überkandidelte Speisen und formvollendeten Service erwartet man hier nicht. Trattorien gibt es im ganzen Land, aber zu den wenigen Dingen, in denen Italiener sich einig sind, gehört, dass La Trattoria romana geradezu ein Sinnbild von Rom ist – lässig und temperamentvoll wie die Menschen selbst.

In der Trattoria romana, wo die Tischtücher meistens aus Papier sind und die Gäste schnell kommen und gehen, gibt es keine Weingläser, sondern lediglich normale Haushaltsgläser, und manchmal noch nicht einmal Speisekarten. Die Bedienung rattert einfach eine Liste der Tagesgerichte herunter, donnerstags stehen meistens Gnocchi auf dem Plan und freitags liegt der Schwerpunkt eher auf Fisch. Hier steht das Essen normalerweise ziemlich bald auf dem Tisch.

In Rom wird das Personal mit Ihnen reden, als kennt, es Sie schon ewig, auch wenn Sie zum ersten Mal da sind. Und wenn Sie in der Trattoria Ihres Viertels erst mal Stammkunde geworden sind, so wie ich in meiner Trattoria di fiducia, Da Enzo al 29, kann ein Besuch dort wie Nachhausekommen sein! Die Menschen kennen meine Lebensgeschichte und ich kenne die ihre, denn jedes Mal erzählen wir uns ein, zwei Anekdoten.

Die Großzügigkeit, der ich in römischen Trattorien begegne, erstaunt mich immer noch und immer wieder: von halben Portionen für Leute mit Entscheidungsproblemen bis zum Umräumen aller Tische, damit Familien mit Kindern oder sogar Kinderwagen gemütlich sitzen.

Vor allem heutzutage verwenden die meisten namhaften Trattorien Roms hochwertige Erzeugnisse, die überwiegend aus der Region stammen. Womöglich gibt es sogar eine Weinkarte, die über den Vino della Casa hinausgeht (Hauswein, im Allgemeinen billig und qualitativ nicht einheitlich, das bedeutet, in manchen Trattorien ist er ganz ordentlich, in anderen nicht!).

In Rom geht man wegen der Cucina romana in eine Trattoria – all der traditionell römischen Gerichte, die einfach, relativ günstig und für den Genuss in guter Gesellschaft gemacht sind. Sie ist die Heimat jener Speisen, die Einheimische und Rom-Besucher erwarten würden, von frittierten Artischocken und gefüllten Zucchiniblüten bis zu üppigen Primi (Pastagerichte) wie dem klassischen römischen Quartett Carbonara, Cacio e Pepe, Amatriciana und La Gricia.

Carbonara, Cacio e Pepe und Amatriciana kennt man mittlerweile auf der ganzen Welt, doch La Gricia ist noch immer so etwas wie ein verborgenes Juwel. Es könnte gar nicht römischer sein, hat es aber aus irgendeinem Grund bis vor Kurzem nicht über Rom hinaus geschafft. Zum ersten Mal habe ich dieses Gericht in einer Trattoria hinter der Piazza Navona gegessen, und der Kellner beschrieb es mir als »Amatriciana bianca«. Bianco bedeutet wörtlich übersetzt »weiß« und bezeichnet in der italienischen Begrifflichkeit ein Gericht, das keine Tomaten oder Tomatensoße enthält. La Gricia wird also mit knusprigem Guanciale (gepökelte Schweinebacke) und Pecorino Romano zubereitet, aber ohne Tomaten.

Als Secondo (Hauptgericht) könnten Sie auf offener Flamme gegrilltes Lamm essen, Abbacchio allo Scottadito (»scottadito« heißt »Finger verbrennen«), Saltimbocca alla Romana (gebratenes Kalbfleisch mit Prosciutto und Salbei) oder das herzhaftere Pollo con i Peperoni (auch Pollo alla Romana), Brathühnchen mit Paprikaschoten.

Dolci (Nachspeisen) sind oft fatti in Casa (hausgemacht), und die Bandbreite reicht von den Klassikern Tiramisu und Pannacotta bis zu den extrem beliebten Mürbeteigkuchen. Ich habe ein Rezept für mein Lieblingsdessert in Rom mit aufgenommen: Das köstliche cremige Mousse aus Mascarpone und Walderdbeeren von Da Enzo. Und während am Ende des Mahls vielleicht ein Amaro angeboten wird, sogar aufs Haus, gehen die Römer manchmal stattdessen in die Bar, um dort ihren Kaffee zu trinken. Manch eine römische Trattoria der alten Schule besitzt noch nicht einmal eine Kaffeemaschine.

Gastronomische Betriebe und Trends kommen und gehen in Rom, aber alle Römer haben ihre eigene Stamm-Trattoria in der Nähe, in die sie gleichermaßen der warmherzigen und überschwänglichen römischen Gastlichkeit und des Essens wegen gehen.

Carciofi alla Giudia

Gebratene Artischocken nach jüdischer Art

Es ist recht schwierig, in Rom übers Essen zu reden, ohne die Artischocke zu erwähnen. Traditionell werden Artischocken auf zwei Arten zubereitet: alla romana (siehe Seite 118) und gebraten, wie hier vorgestellt. Es ist das bekannteste römisch-jüdische Gericht auf den Speisekarten in Roms jüdischem Ghetto und seit Langem ist es auch in die römische Mainstream-Küche eingegangen.

Traditionell werden römische Artischocken verwendet, Romanesco oder Mammole, außerhalb Roms tun es aber auch Gemüseartischocken. Der Trick ist, dass sie zweimal gebraten werden – einmal zum Durchgaren und das zweite Mal, damit die Blätter den extraknusprigen, nussigen Biss bekommen. Dieses Gericht kann man nicht im Voraus zubereiten, es muss frisch aus dem Frittieröl und mit Salz bestreut verspeist werden.

Für 4 Portionen

4 Romanesco- oder Gemüseartischocken

1 Zitrone

Olivenöl nativ extra zum Frittieren

Salz zum Bestreuen

1. Zuerst die Artischocken vorbereiten. Eine große Schüssel mit kaltem Wasser füllen, Zitronensaft und Zitronenschale hinzugeben.
2. Artischocken putzen: Die harten äußeren Blätter entfernen, das obere Viertel des Kopfes abschneiden und nochmals einige Blattschichten entfernen. Stiele abschneiden und ca. 6 cm belassen; auch die äußere Schicht des Stiels mit einem Messer oder Gemüseschäler abschälen. Das Heu herausschneiden (siehe Anmerkung) und mit einem Löffel faserige Stacheln herausholen.
3. Die Artischocken sofort danach ins Zitronenwasser geben, damit sie nicht braun werden. Mindestens 10 Minuten einweichen.
4. Nun in einem großen Topf mit schwerem Boden viel Olivenöl (die Artischocken müssen komplett bedeckt sein) sehr hoch auf etwa 150 °C erhitzen (Kochthermometer). Artischocken gut abtropfen lassen und überschüssiges Wasser mit Küchenpapier abtupfen, dann vorsichtig ins Öl tauchen. 8–10 Minuten frittieren oder bis sie eine goldene Farbe bekommen; regelmäßig bewegen, damit die Farbe gleichmäßig wird. Für die Garprobe einen Zahnstocher in den Boden stechen – ist er weich, sind die Artischocken fertig.
5. Artischocken mit einem Schöpflöffel herausnehmen und aufrecht auf Küchenpapier setzen, mindestens 20 Minuten abkühlen und abtropfen lassen.
6. Kurz vor dem Servieren mit einer Gabel die Artischockenblätter leicht voneinander trennen, damit sie sich beim zweiten Frittiergang besser öffnen. Mit etwas Wasser besprenkeln, damit sie krosser werden.
7. Öl wieder auf ca. 170 °C erhitzen, dann die Artischocken 1–2 Minuten frittieren oder bis die Blätter goldfarben und knusprig sind. Herausnehmen, wiederum auf Küchenpapier abtropfen lassen, mit Salz bestreuen und sofort servieren.

Anmerkung: In Rom verwendet man Mammole oder Romanesco-Artischocken, die im Innern kein Heu haben. Wird eine andere Sorte verwendet, muss das Innere entfernt werden.

VON **DA ENZO AL 29**

Carbonara

Über kein Gericht wird in Rom mehr gestritten als über Carbonara. Sie ist für Rom, was die Pizza für Neapel ist, also identitätsprägend, und Traditionalisten würden sagen, sie ist unantastbar. Heute kann man in Rom viele Köche finden, die mit Zutaten experimentieren und häufig der Jahreszeit entsprechend etwas hinzufügen wie Spargel oder Artischocken, für mich aber geht nichts über den Klassiker. Alle haben eine Meinung zu diesem Thema; fragen Sie irgendeinen Römer, wo man gut Carbonara essen kann, und man wird Ihnen die eigene Wahl als die Beste der Stadt präsentieren.

Wichtig bei der Zubereitung einer ur-römischen Carbonara: Unter keinen Umständen kommt Sahne hinein. Lassen Sie sich selbst von der cremigsten Carbonara, die Sie in der Ewigen Stadt kosten, nicht in die Irre führen. Sie wird mit knusprigem Guanciale-Speck (gepökelte Schweinebacke), Pecorino Romano und Eiern zubereitet. Römische Carbonara ist anders als alle, die Sie andernorts essen, das Nachkochen zu Hause ist jedoch einfach – mit viel Übung. Den Unterschied zwischen einer sämigen Carbonara und Pasta mit Rührei bestimmen im Prinzip wenige Sekunden. Ein Koch hat mir einmal gesagt: »Carbonara hat große Ähnlichkeit mit dem Leben. Wenn du nicht gut aufpasst, verdirbst du alles!« Dieses Rezept stammt aus meiner Lieblings-trattoria in Trastevere, Da Enzo al 29. Ihre Variante enttäuscht nur selten, denn sie ist genau im richtigen Maß salzig und geradezu unanständig seidig.

Für 6 Portionen

700g Rigatoni
350g Guanciale-Speck (gepökelte Schweine-backe)
4 ganze Eier
2 Eigelb
300g Pecorino Romano, gerieben, sowie Pecorino zum Servieren
schwarzer Pfeffer aus der Mühle

1. Einen großen Topf Salzwasser zum Kochen bringen. Pasta hineingeben und gemäß Packungsangabe al dente kochen.
2. In der Zwischenzeit die Schwarte am Guanciale entfernen und das Fleisch in etwa 1 cm dicke, grobe Streifen schneiden.
3. Eine große Bratpfanne auf hoher Stufe aufsetzen, Guanciale hineingeben und 4–5 Minuten anbraten oder bis das Fett zerlassen ist und das Fleisch kross wird.
4. Währenddessen Eier und Eigelb gründlich zu einer glatten Masse verquirlen, den Pecorino hineinmischen und großzügig schwarzen Pfeffer zugeben.
5. Die Pasta abgießen und in die Pfanne zum Guanciale geben. Gut umrühren, damit die Pasta mit dem Guanciale-Fett überzogen ist.
6. Herd ausstellen. Wer es sich zutraut, gibt das Eigemisch in die Pfanne und vermengt die Zutaten schnell, damit kein Rührei entsteht. Alternativ gibt es die narrensichere Methode: Pasta und Guanciale in die Schüssel mit dem Eigemisch geben und gut umrühren. Die Hitze der Pasta gart die Eimasse und die Soße bleibt seidig glatt.
7. Mit etwas Pecorino und schwarzem Pfeffer bestreuen und servieren.

Anmerkung: In Italien wird Carbonara normalerweise mit »Pasta gialla«-Eiern zubereitet, einer besonderen hiesigen Eiersorte mit intensiv gelbem Dotter. So erhält das Gericht seine charakteristische gelbe Farbe. Mit gewöhnlichen Eiern wird die Carbonara heller, doch der Geschmack ist identisch.

VON **ELEONORA CHIARI**

Amatriciana

Amatriciana auf Tomatenbasis zählt in Rom zu den Favoriten, obwohl die Ursprünge in der Stadt Amatrice im Lazio (Latium) liegen – daher der Name. Anders als außerhalb von Italien womöglich serviert, macht man Amatriciana in Rom mit Pecorino Romano, Tomaten und Guanciale (gepökelte Schweinebacke). Meine Freundin Eleonora ist Römerin in der siebten Generation (in Rom ist man kein Römer, wenn der Stammbaum nicht mindestens sieben Generationen zurückreicht!), und für ihre Amatriciana könnte man sterben, auch wenn sie die Tradition bricht und etwas Parmigiano Reggiano und eine Prise Chili hinzugibt.

Sie können ihrer Variante strikt folgen oder damit spielen und sie sich nach Wunsch zu eigen machen. Mit Rigatoni, Mezze Maniche oder Bucatini servieren.

Für 4 Portionen

150 g Guanciale (gepökelte Schweinebacke)

1 rote Chilischote

400 g Rigatoni, Mezze Maniche oder Bucatini

2 EL Olivenöl nativ extra

Salz und schwarzer Pfeffer

350 g frische Kirschtomaten, klein geschnitten (oder zerkleinerte Tomaten aus der Dose)

50 g Pecorino Romano, gerieben, sowie Pecorino zum Servieren

50 g Parmigiano Reggiano, gerieben, sowie Parmigiano zum Servieren

1. Eine große Bratpfanne aufsetzen. Guanciale in grobe, etwa 1 cm dicke Streifen schneiden und mit der ganzen Chilischote in die Pfanne geben. Auf mittlerer Stufe ca. 2–3 Minuten erhitzen oder bis der Guanciale dunkel und kross wird und das Fett zerlassen ist. Vom Herd nehmen.
2. Guanciale mit einem Schöpflöffel herausnehmen und auf Küchenpapier abtropfen lassen. Chilischote entsorgen, das restliche Fett jedoch in der Pfanne lassen.
3. Einen großen Topf mit Salzwasser zum Kochen bringen. Pasta hineingeben und gemäß Packungsanweisung kochen.
4. In der Zwischenzeit das Olivenöl zum restlichen Guanciale-Fett geben, dann die Tomaten hinzufügen. Mit Salz und schwarzem Pfeffer würzen und auf niedriger Stufe 10 Minuten kochen.
5. Pasta abgießen, sobald sie al dente ist, und zusammen mit dem gebratenen Guanciale in die Soße geben. Alles vermengen, dann vom Herd nehmen und Pecorino und Parmigiano hineinrühren.
6. Mit Käse bestreuen und servieren.

MARIA CHIARA DI FELICE

TRATTORIA DA ENZO AL 29

»Wenn es stimmt, was das Sprichwort sagt, dass Schönheit uns retten wird, können wir uns entspannen – Rom wird uns bis ans Ende der Zeiten retten.«

Da Enzo al 29 in Trastevere – also Bei Enzo im Haus Nummer 29 – ist meine Lieblingstrattoria im Viertel: ein römisches Bilderbuchlokal in einer der ruhigeren Straßen eines Quartiere mit vielen Restaurants, die es auf Touristen abgesehen haben. Da Enzo, das sind für mich Papiertücher auf Tischen, an denen man gedrängt sitzt, superfreundliche und allwissende Mitarbeiter und eine unwiderstehliche Burrata. Es ist winzig, ein Familienbetrieb und an jedem beliebigen Abend zum Bersten voll. Wenn ich komme, stellen sie mir mein Lieblingsdessert beiseite, denn in der Vergangenheit haben sie die Verzweiflung in meinem Gesicht gesehen, wenn es ausverkauft war, bevor ich es bestellen konnte.

Das Da Enzo wurde 1935 eröffnet und Familie Di Felice übernahm es 1988. Es war bereits eine Institution im Viertel und dieser ist sie bis heute sehr gut gerecht geworden. Maria Chiara führt die Trattoria mit ihren beiden Brüdern und einem engagierten Team. Sie sagt: »Wir konzentrieren uns hier auf Schlichtheit. Tag für Tag ehren wir die römischen kulinarischen Traditionen der Vergangenheit, die wir geerbt haben.«

Sie verwenden nur die besten heimischen Zutaten von kleinen Erzeugerbetrieben. Maria Chiara spricht mit Wärme von den Familienausflügen in die ländlichen Gegenden Roms und sogar die Abruzzen, wo sie anhalten, sobald sie am Straßenrand ein Schild »Bauernhof« sehen. Sie schauen sich an, welche Produkte angeboten werden und ob Möglichkeiten zur Zusammenarbeit bestehen. »Man bekommt einen anderen Blick auf Italien, wenn man in die Regionen und die Kleinstädte eintaucht. Dort sind viele Handwerker versteckt, die nach Methoden vergangener Jahre produzieren«, sagt sie.

»Was sie tun, spricht unsere Philosophie an, und zwar, unsere Kunden nicht nur mit qualitativ hochwertigen Zutaten zu versorgen, sondern mit Bioprodukten, die nicht massenhaft oder im Übermaß produziert werden.« Maria Chiara spricht wehmütig über die römische Küche, la Cucina romana. »Das ist ein gastronomisches Meisterwerk, in der Arbeiterklasse entstanden. Sie ist schlicht und verlangt, dass vor Ort angebaute Lebensmittel wertgeschätzt werden.«

Das Konzept eines zwanglosen Restaurants wie der Trattoria reicht bis in römische Zeiten zurück, hatte aber mehr noch das Format einer Osteria. Hier ging man hin, um nach einem anstrengenden Arbeitstag etwas zu trinken, sich zu unterhalten und zu entspannen. Man brachte sein Essen mit, denn Osterien hatten keine Küchen. Zwar gibt es solche Orte auf der ganzen Welt, doch Maria Chiara besteht darauf, dass die römische Trattoria (die moderne Version einer Osteria) einzigartig ist. »Sie hat eine eigene Identität und einen eigenen Platz in der römischen Psyche. Dorthin gehen römische Familien zum geheiligten sonntäglichen Mittagessen, dort treffen sich Freunde zum Abendessen und dort stärkt man sich mit einem warmen Gericht und einem Glas Wein in der Mittagspause, anstatt hastig zu einem Panino zu greifen. Dort kennst du den Namen deines Kellners und er deinen, und dort gibt man dir das Gefühl, zu Hause zu sein.«

Genau das verkörpert das Da Enzo. Die Trattoria hat sich seit den 1930er-Jahren kaum verändert, abgesehen von ein paar Schönheitsreparaturen und Erneuerungen. Es ist winzig, aber Familie Di Felice hat nicht ernsthaft vor, sich zu vergrößern. Maria Chiara sagt, die Kunden kommen wegen dieser Authentizität immer wieder: »Die Leute wissen, dass sie in einer familienorientierten Atmosphäre ein großartiges Essen bekommen, freundlich, vor allem anderen aber echt.«

Familie Di Felice ist stolz auf ihr Erbe und darauf, dass sie die Ehre haben, römische Traditionen mit Einheimischen und Auswärtigen gleichermaßen zu teilen. Maria Chiara sagt, die Ewige Stadt sei ihre Inspiration. »Rom hat die moderne Welt hervorgebracht. Zwar ist Rom unorganisiert, chaotisch und ziemlich oft schwer zu ertragen, wenn man hier lebt, aber die Stadt ist so spannend wie ein Filmset.«

Sie knüpft an ein Zitat des russischen Schriftstellers Fjodor Dostojewski an: »Wenn Schönheit die Welt retten wird, rettet Rom uns alle bis zum Ende der Zeit.«

VON **ALBA ESTEVE RUIZ, ALBA RESTAURANTE**

Cacio e Pepe

Wenn ich Besuchern, die mit mir in Rom zu Abend essen, Cacio e Pepe erkläre, gerate ich immer in die Überzeugungsnot, dass das Gericht nicht langweilig ist. Pasta mit Cacio (»Käse« im römischen Dialekt) und Pepe (Pfeffer) klingt nicht allzu verlockend, doch gut zubereitet wird Cacio e Pepe Sie mit seiner scharfen, salzigen Cremigkeit betören. Die Köchin Alba Esteve Ruiz verriet mir dieses Rezept, als sie im bekannten römischen Restaurant Marzapane die Leitung innehatte. Die junge, preisgekrönte Köchin kam aus dem spanischen Alicante nach Rom. Ihre steile Karriere begann in keinem geringeren Restaurant als dem mit drei Michelin-Sternen ausgezeichneten El Celler de Can Roca in Girona (Spanien), das sich auch um den Titel des weltbesten Restaurants bemühte. Nach vielen Jahren in Rom ist Alba in ihr Heimatland zurückgekehrt und hat in Alicante ein eigenes Restaurant eröffnet, Alba Restaurante.

Bei der Zubereitung dieses Gerichts ist entscheidend, dass der Käse stets Zimmertemperatur hat und mit der richtigen Menge Nudelkochwasser gründlich vermischt wird. Manche Köche raten, Nudelwasser zu Käse und Pfeffer zu geben und eine Art Paste herzustellen. Letztlich braucht dieses Gericht einfach etwas Übung. Alba fügt ihrer Version Parmigiano Reggiano hinzu, aber es ist völlig in Ordnung, beim traditionellen Pecorino Romano zu bleiben, wenn Sie dies lieber mögen. Und während in Rom gern Tonnarelli genommen werden, sind zu Hause Spaghetti oder Spaghettoni genauso in Ordnung.

Für 6 Portionen

Salz für das Kochwasser

360 g Tonnarelli, Spaghetti oder Spaghettoni

320 g Pecorino Romano, gerieben, sowie Pecorino zum Bestreuen

120 g Parmigiano Reggiano, gerieben

2 TL schwarzer Pfeffer aus der Mühle

1. In einem großen Topf Salzwasser zum Kochen bringen. Die Pasta hineingeben und gemäß Packungsangabe kochen.
2. In der Zwischenzeit in einer großen Schüssel Pecorino, Parmigiano und schwarzen Pfeffer vermischen.
3. Wenn die Pasta al dente ist, abgießen und zur Käsemischung geben; das Kochwasser auffangen.
4. Gründlich mischen, dann nach und nach 4–5 EL Kochwasser löffelweise hinzugeben, bis der Käse schmilzt und die Soße die Pasta überzieht.
5. Falls die Soße zu trocken ist, noch etwas Wasser hinzugeben und weiterrühren, bis sie geschmeidig ist.
6. Zum Servieren schwarzen Pfeffer darübermahlen und mit Pecorino bestreuen.

VON **ANGELO PREZIOSI**

La Gricia

Als ich zum ersten Mal La Gricia probierte, war ich gerade nach Rom gezogen und aß mit einem Freund meines Vaters aus Kindertagen, Peppe, zu Mittag. Sein Neffe war der Koch und kam, um unsere Bestellung aufzunehmen. Er fragte mich, ob ich gern Amatriciana esse. Ich sagte Ja, hätte aber lieber etwas ohne Tomatensoße bestellt. Er antwortete: »Wie wäre es dann mit La Gricia, das ist weiße Amatriciana.«

Und so begann meine Liebe zu La Gricia. Das Gericht ist leichter als Carbonara, weil es ohne Eier zubereitet wird. Auch hier besteht der Trick wieder darin, etwas Nudelkochwasser mit dem Käse zu einer seidigen, geschmeidigen Soße zu verrühren.

Dies ist ein Familienrezept von meinem römischen Freund Angelo. Der salzige, knusprige Guanciale (gepökelte Schweinebacke) ist in Verbindung mit dem würzig-scharfen Pecorino Romano geradezu himmlisch.

Für 4 Portionen

350 g Rigatoni
300 g Guanciale (gepökelte Schweinebacke)
125 ml trockener Weißwein
100 g Pecorino Romano, gerieben

1. In einem großen Topf Salzwasser zum Kochen bringen. Die Pasta hinzugeben und fast so lange kochen, wie auf der Packung angegeben.
2. In der Zwischenzeit die Schwarte vom Guanciale entfernen und das Fleisch in grobe, etwa 1 cm dicke Streifen schneiden.
3. Eine Bratpfanne erhitzen und Guanciale hineingeben. Auf mittlerer Stufe 2–3 Minuten erhitzen oder bis der Guanciale knusprig wird und das Fett zerlassen ist. Hitze auf hohe Stufe stellen, Wein zugießen und einige Minuten zum Reduzieren köcheln lassen.
4. Die Pasta 1 Minute vor Ende der angegebenen Kochzeit abgießen und mit 3–4 EL Kochwasser ebenfalls in die Bratpfanne geben. Alles vermengen und auf mittlerer Stufe weiterkochen, bis die Pasta al dente ist.
5. Vom Herd nehmen und zum Andicken der Soße den Pecorino hinzugeben. Großzügig schwarzen Pfeffer darübermahlen und sofort servieren.

VON **ANGELO PREZIOSI**

Gnocchi Cozze e Pecorino

Gnocchi mit Miesmuscheln und Pecorino

Viele Foodpuristen sagen, Meeresfrüchte und Käse passen nicht zusammen. In meiner Familie sah man niemals Käse auf dem Tisch, wenn es Pasta mit Fisch gab, und wenn Sie in Italien in einem Restaurant um Käse bitten würden, wenn Sie Spaghetti alle Vongole oder Risotto alla Crema di Scampi bestellt haben, würden Sie glatt eingesperrt. Doch das Memo ist in Rom für dieses Gericht offenbar verloren gegangen. Gnocchi mit Miesmuscheln und Pecorino stehen in vielen römischen Trattorien auf der Speisekarte, und das passt herrlich zusammen. Die Gnocchi nach dem Rezept meines Freundes Angelo – es kommt von seiner Großmutter väterlicherseits, Stella – sind einfach perfekt. Wenn er mittags aus der Schule kam, fragte Nonna Stella, was er gerne essen würde. Antwortete er Gnocchi, so krempelte sie die Ärmel hoch und bereitete sie von A bis Z selbst zu. Angelos Gnocchi-Rezept können Sie mit jeder beliebigen Soße kombinieren, vor allem mit Restsoße von Coda alla Vaccinara (siehe Seite 169), eine meiner Lieblingssoßen. Gnocchi sind an jedem Tag der Woche ein köstliches Gericht, aber machen Sie es doch wie die Römer und erklären den Donnerstag auch bei sich Zuhause zum Gnocchi-Tag!

Für 4 Portionen

- 1 kg Miesmuscheln
- 100 ml Olivenöl
- 2 Knoblauchzehen, geschält
- 1 kleines Bund Blattpetersilie, grob gehackt
- 100 g Pecorino Romano, gerieben

Gnocchi

- 500 g mehligkochende Kartoffeln
- 1 Prise Salz
- 1 Ei, verquirlt
- 250 g Allzweckmehl plus Mehl zum Bestäuben
- 1 Prise frisch geriebene Muskatnuss
- 3 EL Parmigiano Reggiano, gerieben

1. Für die Gnocchi die ganzen, ungeschälten Kartoffeln abspülen und in einem großen Topf mit kaltem Wasser und 1 Prise Salz aufsetzen. Zum Kochen bringen und ca. 30 Minuten sprudelnd kochen lassen oder bis sie soeben weich sind. Abgießen und etwas abkühlen lassen, dann die Kartoffeln pellen.
2. Kartoffeln zerstampfen und in einer Schüssel mit dem verquirlten Ei, Mehl, Muskat und Parmigiano vermengen. Mit den Händen auf einer Arbeitsfläche kneten, bis der Teig geschmeidig ist. Ist das Gemisch zu klebrig, noch etwas Mehl hinzugeben; ist es zu trocken, einen Spritzer Wasser hinzufügen.
3. Den Teig in 4 Teile aufteilen und jeden zu einer ca. 2 cm dicken Wurst rollen. Diese mit einem scharfen Messer in ca. 2 cm lange Stücke schneiden, sodass kleine quadratische Kissen entstehen. Die Gnocchi auf ein bemehltes Tablett legen und mit etwas Mehl bestäuben. Beiseitestellen, während die Soße zubereitet wird.
4. Die Muscheln abspülen und die haarigen Bärte entfernen; beschädigte oder offene Muscheln entsorgen. In einer großen Bratpfanne das Olivenöl erhitzen und den Knoblauch behutsam weich braten. Muscheln hinzugeben und Deckel auflegen. Auf hoher Stufe 4–5 Minuten kochen oder bis sie sich allmählich öffnen.
5. Wenn sich alle Muscheln geöffnet haben, vom Herd nehmen, Muscheln aus der Pfanne nehmen. Den verbleibenden Saft durch ein feines Sieb gießen; wieder in die Pfanne geben. 24 Muscheln in der Schale lassen, bei den übrigen die Schalen entfernen. Alle Muscheln wieder in die Soße geben und auf mittlerer Stufe erhitzen.
6. Unterdessen in einem großen Topf Salzwasser zum Kochen bringen. Langsam alle Gnocchi ins kochende Wasser geben und ca. 1–2 Minuten kochen, bis sie an die Oberfläche steigen.
7. Gnocchi mit einem Schöpflöffel herausnehmen und zu den Muscheln geben. Vom Herd nehmen und Petersilie einrühren.
8. Alle Portionen mit je 6 Muscheln in ihren Schalen garnieren. Großzügig mit Pecorino bestreuen und servieren.

LEMENS·XII·PONT·MAX·A·S·MDCCXXXIV·P·IV
Hertz

13
Sabatini
Sabatini

T
RIV
219
SALI E
TABACCHI
26
27
BAR
TABACCHI

VON **PIERO DRAGO,** *GEKO* **(OLBIA) UND JACOPO RICCI,** *DOPO LAVORO RICREATIVO* **(FRASCATI)**

Abbacchio allo Scottadito

Gegrilltes Lamm

Abbacchio ist Römisch für »Lamm« und scottadito bedeutet »Finger verbrennen« – in gewisser Weise das Bild zu diesem Gericht, das man in wirklich jeder Trattoria in Rom und der Region Lazio (Latium) findet. Lammkoteletts, normalerweise mit etwas Rosmarin, Salz, Pfeffer und Öl gewürzt, werden auf offener Flamme gegrillt, und man soll sie dampfend heiß essen, möglichst, ohne sich die Finger zu verbrennen.

Dieses Rezept stammt von den jungen Köchen Piero Drago und Jacopo Ricci, ehemals vom Secondo Tradizione in Rom. Sie führen mittlerweile ihre eigenen Küchen im GEKO auf Sardinien und im Dopo Lavoro Ricreativo in Frascati im Umland von Rom.

Zu ihrer umfangreichen Erfahrung gehört ein Arbeitsaufenthalt in dem mit 2 Michelin-Sternen gekürten Restaurant Il Pagliaccio und Mittelpunkt ihrer Philosophie sind die Klassiker – verfeinert, ohne großspurig zu sein. Sie haben es also ein wenig abgewandelt und Thymian statt Rosmarin verwendet. Entscheiden Sie selbst. Wichtig ist, die Koteletts zu marinieren, sodass das Aroma einzieht.

Für 4 Portionen

1 Knoblauchzehe, zerdrückt
2 EL wilder Thymian
60 ml Olivenöl nativ extra
20 saftige Lammkoteletts und -schnitzel (ca. 1 kg)

1. In einer großen Schüssel Knoblauch, Thymian und Olivenöl vermischen. Lammfleisch hinzugeben und gut vermengen, um es mit Marinade zu überziehen. Abdecken und mindestens 2 Stunden im Kühlschrank lassen.
2. Fleisch 30 Minuten vor der Zubereitung aus dem Kühlschrank nehmen und auf Zimmertemperatur bringen. Gut salzen.
3. Eine schwere Brat- oder Grillpfanne sehr heiß erhitzen. Fleisch hineingeben und auf hoher Stufe braten, bis es gebräunt, aber in der Mitte noch rosa und zart ist, je nach Größe der Fleischstücke etwa 3–4 Minuten von jeder Seite.
4. Sofort servieren und aus der Hand essen.

Anmerkung: Ein typisches Abbacchio ist ein Baby-Milchlamm (unter 6 kg) und ein Agnello ein älteres Lamm mit 7–10 kg Gewicht. Außerhalb von Italien ist Agnello üblicher, Sie können also auch die größeren Lammkoteletts verarbeiten, müssen dann aber die Grillzeit anpassen.

VON **ELEONORA BALDWIN**

Saltimbocca alla Romana

Gebratenes Kalbschnitzel mit Prosciutto und Salbei

Der klassische Secondo – zweiter Gang – aus dem Repertoire der Cucina romana ist gebratenes Kalbschnitzel mit salzigem Prosciutto und knusprigem Salbei. Ich habe dieses Rezept von meiner Freundin Eleonora, und da sie in Rom aufgewachsen ist, kennt sie natürlich ihr römisches Essen. Hinzu kommen ihre Rollen als Fernsehmoderatorin, Journalistin und Miteigentümerin von Casa Mia Italy Food & Wine, einem auf individuelle Food-Reisen spezialisierten Veranstalter: Ihre Erfahrung ist schwer zu überbieten.

»Der Clou bei Saltimbocca ist«, erklärt Eleonora, »die Stücke mundgerecht zu schneiden und nicht zu lange zu braten. Es gibt ja einen Grund, warum sie »Spring in den Mund« heißen.» Den Bratensaft in der Pfanne mit etwas frischem Brot aufwischen (in Rom nennen wir das »fare la scarpetta«)! Eleonora empfiehlt zudem, dieses Gericht mit dem berühmten Rotwein aus dem Lazio (Latium) zu kombinieren, dem Cesanese, sofern Sie welchen auftreiben können.

Für 4 Portionen

12 dünn geschnittene, magere Kalbschnitzel, ca. 500 g, Zimmertemperatur

60 g Prosciutto, hauchdünn geschnitten

1 Bund frischer Salbei

50 g Allzweckmehl

50 g ungesalzene Butter

125 ml trockener Weißwein

Gewürze nach Belieben

Brot zum Aufstippen

1. Fleisch mit einer Schere von Fett oder Sehnen säubern, dann die Scheiben halbieren, sodass es nun 24 Stücke in mundgerechter Größe sind.
2. Prosciutto in ungefähr ebenso große Stücke schneiden und jedes Schnitzelchen mit einer Scheibe belegen. Darauf kommt ein kleines (oder ein halbes großes) Salbeiblatt. Prosciutto und Salbei mit einem Zahnstocher am Fleisch befestigen und die Schnitzel von beiden Seiten leicht mit Mehl bestäuben.
3. Butter in einer großflächigen Bratpfanne schmelzen und die Schnitzel braten. Auf mittlerer Stufe 1 Minute, dann wenden und den Pfannenboden mit dem Wein ablöschen.
4. Weitere 2 Minuten braten und regelmäßig wenden, damit das Fleisch von beiden Seiten gleichmäßig wird. Passen Sie aber auf und braten Sie es nicht zu lange, denn dann wird der Prosciutto hart und ledrig.
5. Saltimbocca nach Belieben würzen und sofort mit viel Brot zum Soße-Aufstippen servieren.

Stracotto

Langsam gegarter jüdischer Rinderschmorbraten

Stracotto heißt wörtlich »zerkocht«, und kein Gericht ist so sehr Comfort Food wie dieses aus dem römisch-jüdischen Repertoire. Das langsam gegarte Rindfleisch in einer gehaltvollen Tomatensoße wurde traditionell am Freitag gekocht und am Sabbat gegessen, wenn Kochen nicht erlaubt war – das Beste daran ist also, dass man dieses Gericht im Voraus zubereiten und am nächsten Tag aufwärmen kann. Und die Tatsache, dass er stundenlang auf dem Herd vor sich hin köchelt und nicht viel Aufmerksamkeit braucht, ist auch sehr schön.

Während man das Gericht früher als Hauptgang servierte, verwendet man heute die übrig gebliebene, geschmackvolle Soße für Pasta, sobald das Fleisch verspeist ist. Römische Juden können Stracotto am Freitagabend oder am Sabbat zu Mittag essen. Es ist einfach in der Zubereitung, braucht wenige Zutaten, schmeckt aber ziemlich beeindruckend. Am besten serviert man etwas Frisches dazu, einen Salat oder Puntarelle (siehe Seite 110).

Für 4 Portionen

100 ml Olivenöl nativ extra

1 kg Rindfleisch am Stück ohne Knochen, z. B. Schulter oder Brust

Salz und Pfeffer

1 Zwiebel, fein geschnitten

1,4 l Passata (passierte Tomaten)

1. Olivenöl in einer großen Pfanne erhitzen. Das Fleisch mit Salz und Pfeffer würzen, dann mit den Zwiebelwürfeln in die Pfanne legen und auf mittlerer-hoher Stufe etwa 8–10 Minuten bräunen; dabei das Fleisch wenden, sodass es von allen Seiten scharf anbrät.
2. Passata hinzufügen und gründlich umrühren. Deckel auflegen und auf niedriger Stufe 3 Stunden kochen lassen; alle 30 Minuten umrühren. Sollte die Soße allmählich zu sehr einkochen und austrocknen, 250 ml Wasser zugießen.
3. Am Ende der Kochzeit sollte das Fleisch zart sein und zerfallen, die Soße ist dick und vollmundig.
4. Nach Belieben abschmecken, dann das Rindfleisch zum Servieren aufschneiden. Restliche Soße für Pasta aufbewahren.

Meinen hiesigen Käseladen in Trastevere, die Antica Caciara, fand ich rein zufällig in meinen allerersten Monaten in Rom.

In Australien hatte ich nie einen eigenen »Käseladen«. Im Näherkommen roch ich ihn buchstäblich, bevor ich ihn sah. Beim Eintreten in das unscheinbare Geschäft ist alles so, wie man es in einem italienischen Feinkostladen im Viertel erwartet, angefangen bei den herabhängenden Salumi und den Pecorino-Romano-Rädern bis hin zur herzlichen Begrüßung an der Tür. Roberto Pollica und seine Frau Anna arbeiten hier tagtäglich mit einigen weiteren Angestellten. Nie packen sie meine Bestellung ein, ohne zu fragen, wofür ich den Käse brauche, wer zum Essen kommt und was es sonst noch zu essen gibt, damit sie aus ihren goldenen Schätzen etwas Perfektes für mich auswählen können. Aber die Antica Caciara ist mehr als nur »ein Käsegeschäft«. Und das nicht nur für mich, sondern auch für die Trasteverini, Römer, Lieferanten und Kunden, die durch die ganze Stadt reisen, um bei Signor Roberto einzukaufen. Es ist ein Ort voller Geschichte, Leidenschaft und Liebe.

Im Jahr 1900 eröffnete Robertos Großvater Albino das Geschäft und Robertos Vater, Antonio, übernahm es schließlich. Mit 13 Jahren begann Roberto, als Aushilfe bei seinem Vater zu arbeiten. Das war 1963, und seitdem hat er an jedem einzelnen Tag gearbeitet. Er erzählte mir: »In dem Alter konnte ich mir weder vorstellen, dass dies mein Lebensinhalt sein würde, noch hatte ich die Reife, um zu wissen, ob ich das überhaupt wollte.«

In den frühen 1970er-Jahren stand er nach dem Tod seines Vaters da mit einem Geschäft, das es zu führen galt, mit Angestellten, die doppelt so alt waren wie er und mit der wachsenden Herausforderung durch immer mehr Supermärkte in Rom. Ähnliche Spezialitätenläden hatten zu kämpfen, und aus Angst um ihre Arbeitsplätze versuchten seine Angestellten, ihn von Modernisierungen zu überzeugen und Haushaltsreinigungsmittel, Babynahrung und -windeln sowie billigeren, nicht so hochwertigen Käse ins Sortiment aufzunehmen.

Doch sein Bedürfnis, den Traum seines Großvaters und seines Vaters zu respektieren, war zu stark, und so ging er das Risiko ein und blieb standhaft, obwohl er selbst nicht zuversichtlich auf die Zukunft blickte. »Irgendwie haben wir durchgehalten. Was ich lernte, war: Wenn du an etwas glaubst, dann höre niemals auf andere, folge nur deinem Instinkt.« Roberto sagt, er würde nicht sterben lassen, was sein Vater mit Leidenschaft schuf. Die Antica Caciara ist letzten Endes für ihn nicht nur eine Arbeit, sondern eine tiefe Familienberufung.

Es ist unwichtig, wer man ist – wenn man die Antica Caciara betritt, bekommt man jene altmodische Eins-zu-Eins-Betreuung, die heutzutage so schwer zu finden ist. Und noch nicht einmal die Pandemie konnte Roberto und Anna das Lächeln verleiden. Als kleines Geschäft mussten sie die Anzahl der Menschen, die zu bestimmten Zeiten bedient werden, eisern anpassen und gut organisieren. Doch trotzdem wird man von diesem – seit über 40 Jahren glücklich verheirateten – Paar wie ein Familienmitglied behandelt. Signor Roberto hat sich auch gewehrt, ein Nummernsystem wie in den meisten Feinkostläden einzuführen. Er findet: »Wo man auch hinkommt, man muss eine Nummer ziehen. Bei der Bank, in der Apotheke, man ist bloß eine Nummer. In meinem Geschäft aber sind Sie ein Kunde. Ich achte alle und bediene sie gut; Menschen sind für mich mehr als nur eine Nummer.«

Und diese Liebe zu seinen Kunden wird erwidert. Im Viertel lächeln alle, wenn man Signor Roberto erwähnt. Er und Anna sind hier Legenden.

Signor Roberto sagt, er sei eines von einer Handvoll Spezialitätengeschäften in Trastevere, die so lange bestehen. Das Geheimnis für seinen Erfolg und die Langlebigkeit? »Man muss diese Tätigkeit lieben. Und zwar wirklich lieben. Wenn man in diesem Bereich arbeitet, um sich nur auf den Profit zu konzentrieren, hat man schon verloren.«

In den Jahren 2016 und 2017, als einige ihrer Lieferanten für Wurstwaren und Schweinefleisch aus der vom Erdbeben gebeutelten Region Umbrien ihre Produktion verlangsamten oder gar unterbrachen, beschwichtigte Signor Roberto ihre Sorgen und versprach, er werde sie nicht im Stich lassen und diese Artikel nicht mehr nachkaufen, bis sie sich wieder berappelt hätten. Er sagte: »Lieber habe ich ein Produkt nicht und verliere Geld, als dass ich zu anderen Lieferanten wechsele und bei der Qualität und der Beständigkeit meiner Waren Kompromisse mache. Das ist Kundenservice, so läuft das Geschäft – die Belange der Kunden über die finanziellen Interessen zu stellen.«

Gehe ich Käse kaufen, hoffe ich insgeheim immer, dass Signor Roberto mich bedient, denn sein Lächeln und seine Großherzigkeit können einem den Tag verzaubern.

Ich sage ihm, was ich gern hätte, und er antwortet mit seinem berühmten »Ci penso io, tesoro!« (»Überlass das mir, meine Liebe!«). Er gibt mir ein paar Kostproben und dann zum Abschied sogar einen Kuss auf die Wange.

Roberto Pollica

KÄSEGESCHÄFT ANTICA CACIARA

»Was ich lernte, war: Wenn du an etwas glaubst, dann höre niemals auf andere, folge nur deinem Instinkt.«

FORMAGGIO

»Haben Sie sich je gefragt, warum Sie nicht aufhören können, Käse zu essen? Nun, Kasein – das Hauptprotein, aus dem Milch und Käse bestehen – macht wahrhaftig süchtig. Das ist die Antwort!« – Eleonora Baldwin

In Italien – und Rom ist da keine Ausnahme – ist es nicht unüblich, einen persönlichen Käseladen oder Käsestand auf dem Markt zu haben, wo man den Käse kauft. Roberto Pollica und seine Frau Anna von dem Geschäft Antica Caciara in Trastevere sind meine Käsehändler vor Ort und haben mich auf simple Art und Weise viel über Käse gelehrt: durch Probieren. Roberto hat im Laufe der Jahre Hunderte Käse eingelagert und meint, die einzige Möglichkeit, Käsekenner zu werden, ist, so lange Käse zu kosten, bis man die Texturen und Aromen findet, die man mag.

Während Parmigiano Reggiano oft als König aller Käsesorten gepriesen wird, ist in Rom der Pecorino Romano die Käsedroge der Wahl. Und Anna sagt, Auswärtige seien angenehm überrascht, wenn sie sein feines Aroma schmecken, weil sie etwas recht Intensives, Übertönendes erwartet hatten.

In keinem römischen Haushalt, keiner Trattoria und bei keinem Koch fehlt dieser Schafskäse. Er wird in Gerichten von Carbonara über Amatriciana bis zu dem alten Klassiker Trippa alla Romana (Kutteln) verwendet.

DIE BEDEUTUNG VON KÄSE IN ROM

Italien zählt dauerhaft zu den Top Fünf der Käseproduzenten und -Exporteure weltweit. Die in Amerika geborene, in Italien aufgewachsene und in Rom lebende Fernsehmoderatorin, Journalistin und kulinarische Expertin Eleonora Baldwin meint allerdings, die tatsächliche Anzahl der Käsesorten sei schwierig zu bestimmen. »Es gibt keine exakte Zahl«, erklärt die Miteigentümerin des Veranstalters kulinarischer Reisen Casa Mia Italy Food & Wine. »In Italien wird Milch zu Abertausenden von unterschiedlichen Käsesorten gerührt, gemischt, gezogen, gedehnt und reifen gelassen. Aus jeder Region, jeder Stadt und jedem Dörfchen kommen groteske Mengen an lokalen Käsesorten.«

Und die Cucina romana könnte ohne dies nicht existieren, fährt sie fort. »Hier spielt der Käse nicht unbedingt die Hauptrolle, er ist eher die Schlüsselfigur, deren herausragende Performance den Oscar-prämierten Film abrundet. Stell dir Carbonara, Amatriciana, La Gricia und Cacio e Pepe ohne Pecorino Romano vor. Unmöglich! In diesem Fall ist es der Käse, der das Umami-Element bildet und Salzigkeit und cremige Textur in die Gerichte bringt.«

Selbst wenn man über die römische Pasta hinausschaut, stößt man überall auf Käse. Typische Snacks wie Supplì haben einen schmelzenden Kern aus Mozzarella, Ravioli sind mit frischem Ricotta gefüllt, Mozzarelline sind panierte und frittierte Mozzarella-Kügelchen, die in allen Pizzerien auf der Karte stehen, und bei Mozzarella in Carozza handelt es sich um heiße Mozzarella-Sandwiches. Und wenn es Frühling wird, begeben sich die Römer üblicherweise am 1. Mai (am Maifeiertag, dem Tag der Arbeit) zur Stadt hinaus zum Picknick mit Familie und Freunden. Unter anderem isst man Pecorino und Fave (dicke Bohnen). Die Kombination ist schlicht, gut zu transportieren und kostet nicht viel. Traditionen wie diese reichen bis in die Römerzeit der Antike zurück, werden aber heute weiterhin hochgehalten.

SPEISEN UND KÄSE IN ROM

In einer Trattoria oder Weinbar – oder zur Aperitivo-Zeit – ist es sehr üblich, dass Taglieri auf dem Speiseplan stehen. Das ist das Italienische Wort für »Schneidebretter«, und hier bezieht es sich auf eine Käse- oder Salumi-Platte. Eleonora sagt: »Römer sind sehr stolz auf ihre Schafsmilcherzeugnisse, Ricotta di Pecora und Pecorino Romano. Ricotta ist technisch gesehen jedoch gar kein Käse! Für die Herstellung von Ricotta wird kein Lab verwendet, es ist ganz einfach zweimal gekochte Molke (wieder-gekocht = ri-cotta).« Während Ricotta aus Kuh-, Ziegen- oder sogar Büffelmilch hergestellt werden kann, macht man Ricotta romana aus Schafsmilch.

Einige andere, weniger verbreitete Käsesorten, die in Rom langsam populärer werden, sind Conciato (mit Kräutern aromatisiert und mittelalt, in antiken römischen Terracotta-Amphoren gereift) und Caciofiore della Campagna romana. Dies ist ein komplett vegetarisches Produkt, bei dem tierisches Lab durch eingeweichte wilde Disteln ersetzt wird; diese Technik lässt sich bis ins 1. Jahrhundert zurückverfolgen. Ansonsten gibt es noch Caciottine und Provole (handwerklich hergestellte, gepresste oder gezogene Käsesorten aus Mittel- und Süditalien), Fiocco della Tuscia (Brie-ähnlich, hergestellt in der Nähe von Viterbo) und lokalen Mozzarella di Bufala (aus Milch von frei laufenden Büffeln erzeugt, die in der Pontinischen Ebene im Lazio grasen).

Im Laufe der Jahre haben Käsesorten aus anderen italienischen Regionen ihre traditionellen Grenzen überschritten, und man findet sie nun im ganzen Land: Produkte wie Ricotta salata (harter Ricotta aus Sizilien; gepresst, gesalzen und getrocknet), Parmigiano Reggiano (aus dem Norden; nur zertifiziert, wenn er in einer der fünf besonderen Städte produziert wird, die hauptsächlich in der Emilia-Romagna liegen), Büffelmozzarella aus der Region Campagna (Kampanien) und köstlich cremige Burrata (Mozzarella mit Sahne gefüllt), die aus Puglia (Apulien) stammt.

In Rom Käse auf der Speisekarte zu finden ist nicht allzu schwer. Achten Sie darauf, dass Sie zu einer Salumeria oder in einen Feinkostladen gehen, manche haben sogar spezielle Speisebereiche, und bestellen Sie nach Herzenslust.

PECORINO ROMANO VERSUS PECORINO

Eleonora – in Rom aufgewachsen – sagt, der Duft von Pecorino Romano erinnere sie an ihre Kindheit. Während Pecorino von Sardegna (Sardinien) bis Abruzzo (Abbruzzen), von Le Marche (Marken) bis zur Toscana (Toskana) in ganz Italien hergestellt wird, trägt der Pecorino Romano das Zertifikat DOP: Denominazione di Origine Protetta, der italienische Begriff für das Gesetz der EU zum Schutz der Bezeichnungen von besonderen Nahrungsmittelerzeugnissen mit einer ganz bestimmten geografischen Herkunft.

Die Kunst der Käseherstellung kann in Rom Jahrtausende zurückverfolgt werden. Von 600 v. Chr. bis 400 n. Chr. führten die Legionen römischer Soldaten Schafherden mit, damit eine stetige Versorgung mit gesundem Pecorino gesichert war. »Da er so lange haltbar ist und wegen der proteinreichen Nährstoffe bestand die tägliche Ration der Soldaten, die ihnen die Energie für lange Märsche gab, aus 27 Gramm Pecorino, einem Stück Brot und einer Schale Dinkelsuppe«, erläutert Eleonora.

Weiter erklärt sie, 90 Prozent der Milch für Pecorino komme heute aus Sardinien, und die Produktionsverfahren haben sich zwar weiterentwickelt, seien aber denen von vor 2000 Jahren immer noch recht ähnlich. »Die Bearbeitung von Pecorino Romano DOP – begrenzt auf Lazio, Sardegna und die Provinz Grosseto in der Toscana – ist das Ergebnis jahrhundertelanger, stets verbesserter Erfahrung, und die grundlegenden Schritte werden noch immer den Händen und der Erfahrung der Käser anvertraut. Was den herzhaften, mürben Pecorino Romano von anderen, elastischeren und oft milderen Pecorino-Sorten unterscheidet, ist die einzigartige kompakte Textur und der prägnante und doch sorgsam ausgewogene salzige Charakter.«

KÄSE KAUFEN UND AUFBEWAHREN

1. **Fragen:** Gute Käseverkäufer können stundenlang über Käse reden. Stellen Sie Fragen, sagen Sie, was Sie gern essen und was Sie mit dem Käse vorhaben – ist er zum Kochen oder für die Käseplatte gedacht?
2. **Kosten:** Nur wenn Sie viele Käsesorten probieren, finden Sie die, die Sie mögen (und nicht mögen).
3. **Etwas wagen**: Kosten Sie Käse, den Sie normalerweise nicht probieren würden. Sie werden merken, dass selbst Blauschimmelkäse nicht alle gleich sind und der Geschmack dezenter sein kann als der Geruch. Probieren Sie Käse, der Beeren oder Honig, Nüsse und sogar in Wein eingelegte Trockenfrüchte enthält.
4. **Kombinieren:** Käse passt hervorragend zu Wein und anderen Nahrungsmitteln wie Nüssen, Obst, Brot, Konfitüren, Honig und Chutneys. Noch mal: Lassen Sie sich beraten, was wozu passt.
5. **Einwickeln:** Zu Hause ist Pergamentpapier gut, um Käse kurzzeitig einzuwickeln, doch für längere Haltbarkeit empfiehlt sich Käseleinen. Eine Käseglocke (Campana di Vetro) ist ideal. Bedenken Sie, dass der Käse nicht mehr »atmet«, wenn man ihn über längere Zeit in Plastik einwickelt, und so kann sich schneller Schimmel bilden.

VORBEREITUNG DER PERFEKTEN KÄSEPLATTE

1. **Platte:** Am besten ist eine Platte aus Holz, Marmor oder Schiefer.
2. **Vielfalt:** Die Anzahl der Käsesorten ist längst nicht so wichtig wie die Bandbreite. Achten Sie darauf, dass Herkunft (Region, Land), Milchsorte, Farbe, Textur (zum Beispiel weich und hart) und Aroma ausgewogen vertreten sind.
3. **Starkult:** Käse kann teuer sein, warum also nicht Eindruck schinden und für nur eine Sorte etwas mehr ausgeben und diese zum Star der Veranstaltung machen.
4. **Temperatur:** Servieren Sie Käse bei Zimmertemperatur. Er sollte ein bis zwei Stunden vor dem Servieren aus dem Kühlschrank genommen werden und kann bis zum Verzehr eingewickelt oder unter dem Tuch bleiben.
5. **Ziffernblatt:** Folgen Sie auf der Käseplatte einer imaginären Uhr und platzieren Sie die Käsesorten im Uhrzeigersinn, wobei Sie mit dem mildesten Käse beginnen (üblicherweise eine junge, weiche Sorte) und zu den Hart- und dann den Blauschimmelkäsesorten gehen.
6. **Schneiden:** Jeder Käse ist anders zu behandeln und zu schneiden. Käse mit essbarer Rinde sollte zum Beispiel in Scheiben geschnitten werden, Parmigiano Romano in kleine Stücke gebrochen. Für jeden Käse sollte das passende Messer vorhanden sein, vor allem, um Verunreinigungen zu vermeiden. Um Irrtümern vorzubeugen, sollte jegliche nicht essbare Rinde entfernt sein.
7. **Begleitung:** Sorgen Sie für ein wenig Kontrast auf der Käseplatte. Fügen Sie immer etwas Knackiges (Nüsse), Süßes (Honig, Konfitüre, frisches oder getrocknetes Obst) und etwas Neutrales hinzu (Brot oder feine Cracker). Die schnelle Daumenregel lautet: frisches Obst für Weichkäse und Trockenobst für Hartkäse sowie Konfitüre, Kompott, Marmelade und Honig für alle kräftigen Sorten. Verzichten Sie auf alles Saure oder Salzige wie eingelegtes Gemüse oder Salumi (Wurstwaren). Und Wein passt auch gut dazu!
8. **Etikette:** Wer die Käseplatte serviert (meistens der Gastgeber), gibt an, wo die Käsefolge beginnt.

VON **TONI BRANCATISANO**

Tiramisu

Über die Ursprünge des Tiramisu (Italienisch für »Zieh mich hoch«) wird nach wie vor diskutiert, wobei die meisten historischen Berichte nahelegen, dass es zuerst in der Region Veneto zubereitet wurde. Schlicht und köstlich, hat es lokal und international Grenzen überschritten und wurde im Grunde Italiens Nationaldessert. Tiramisu ist in Pasticcerien, Restaurants und Trattorien zu finden und ist zu Hause ganz einfach zubereitet; ich habe es seit meiner Kindheit unzählige Male gemacht. Wie in diesem Rezept meiner Freundin Toni, hat auch meine Mutter die Biskuits stets in mit Likör aromatisiertem Kaffee getränkt, ich selbst bereite mein Tiramisu aber immer ohne Alkohol zu. Toni findet Tiramisu so großartig, weil man es einen oder zwei Tage im Voraus zubereiten und flexibel schichten kann: in einer großen Schüssel, einer Auflaufform oder individuell in Gläsern oder Schälchen.

Für 6 Portionen

350 ml starker schwarzer Kaffee

3 Eier

1 Prise Salz

100 g feinster Zucker

1 EL Marsala oder Rum (optional)

300 g Mascarpone

1 Packung Löffelbiskuits

ungesüßtes Kakaopulver zum Bestäuben

schokolierte Kaffeebohnen zum Servieren (optional)

1. Zuerst den Kaffee kochen, beiseitestellen und gänzlich erkalten lassen.
2. Die Eier trennen; Eiweiß und Eigelb in 2 verschiedene Schüsseln geben. Eine Prise Salz zum Eiweiß geben und mit einem Elektromixer aufschlagen, bis sich weiße Spitzen bilden. Esslöffelweise die Hälfte des Zuckers hinzugeben, bis sich alles gut verbunden hat und das Gemisch weiß, luftig und glänzend ist. Beiseitestellen.
3. Restlichen Zucker zum Eigelb geben und aufschlagen, bis es hell und schaumig ist und der Zucker sich aufgelöst hat. Marsala zugießen (falls verwendet) und langsam und auf niedriger Stufe Mascarpone hineinrühren.
4. Mit einem Löffel die Hälfte des Eiweiß unter das Eigelbgemisch heben. Restliches Eiweiß behutsam weiter einrühren und aufpassen, dass nicht die ganze Luft hinausgeschlagen wird. Sollte die Masse nicht sofort verwendet werden, abdecken und bis zum Gebrauch in den Kühlschrank stellen.
5. Die Löffelbiskuits kurz in den Kaffee tauchen und dann den Boden einer beliebigen Servierschüssel, Form oder eines Schälchens auslegen. Eine Schicht Mascarponecreme daraufgeben. Wiederholen und 2 oder 3 Schichten aufbauen. Mit einer Mascarponeschicht abschließen.
6. Großzügig mit Kakaopulver bestreuen und falls gewünscht mit schokolierten Kaffeebohnen dekorieren.

Mousse di Mascarpone con Fragoline di Bosco

Mascarpone-Mousse mit Walderdbeeren

Die Mascarpone-Mousse mit Fragoline di Bosco (Walderdbeeren) ist mein Lieblingsdessert in Rom. Das mag vollmundig klingen und ist es auch. Aber es stimmt. Beim Hineinkommen und noch bevor ich mich setze, bitte ich die Person, die an dem Tag arbeitet – seien es die Besitzer Francesco, Roberto oder Maria oder jemand vom sympathischen Team –, mir eine Portion davon beiseite zu stellen. Sie bereiten jeden Tag nur eine bestimmte Anzahl zu, und ich kann hier keine Mahlzeit überstehen ohne das Wissen, dass eine Mousse auf mich wartet.

Sie haben mir dieses göttliche Rezept verraten, und ich hoffe, es wird in Zukunft Ihre Dinnerpartys versüßen. Sollten Sie keine Fragoline di Bosco auftreiben können, tun es auch gewöhnliche Erdbeeren sowie alle anderen Beerenfrüchte.

Für 6 Portionen

3 Eier
3 EL feinster Zucker
400 g Mascarpone
300 g Walderdbeeren (oder andere Erdbeeren), geviertelt
Puderzucker zum Bestäuben

1. Eier und Zucker in die Schüssel eines Elektromixers geben und bei mittlerer Geschwindigkeit aufschlagen.
2. Sobald das Gemisch hellgelb wird, Mascarpone hinzugeben und die Geschwindigkeit auf hohe Stufe stellen, bis die Konsistenz dick und kompakt ist.
3. In jedes Servierglas einige EL Erdbeeren geben und mit Mascarpone-Creme bedecken. Nachmals 1 EL Erdbeeren daraufgeben.
4. Mindestens 1 Stunde in den Kühlschrank stellen und vor dem Servieren mit etwas Puderzucker bestäuben.

TRATTORIA

LA FRIGGITORIA

La Friggitoria bedeutet wörtlich »Laden für Frittiertes«. Italiener können sich darauf einigen, dass sie ihre Ursprünge in Neapel hat, der Heimat des Frittierens, doch Friggitorien gibt es im ganzen Land.

Wenn Sie in Rom sind, wird Sie der Duft von frisch frittierten Supplì (frittierten Reisbällchen) und Filetti di Baccalà (Salzkabeljau im Ausbackteig) von den Kopfsteinstraßen weglocken. Supplì, Filetti di Baccalà und Fiori di Zucca (mit Mozzarella und Anchovis gefüllte, in Teig ausgebackene Zucchiniblüten) sind nur einige der Köstlichkeiten, die man in den Geschäften bekommt – zumeist nur winzige Läden, praktisch eine Öffnung in der Wand. Kroketten, Mozzarelline (frittierte Mozzarellabällchen) und sogar Olive ascolane (gefüllte, panierte und frittierte Oliven) stehen auch auf der Liste, und vieles mehr. Die Friggitoria in meinem Viertel heißt I Supplì, was eine recht klare Vorstellung davon vermittelt, was ihre Spezialität ist.

Supplì sind für die Römer, was Arancini für Sizilianer sind. Doch hüten Sie sich vor dem Fauxpas, in der Ewigen Stadt das eine mit dem anderen zu bezeichnen, das könnte ein Fettnapf sein! Die beiden unterscheiden sich tatsächlich sehr. Das Supplì ist im Allgemeinen oval und die klassische Version besteht aus Risotto auf Tomatenbasis gefüllt mit Mozzarella, paniert und frittiert. Bricht man eines auf, zieht sich der Käse in einem Faden, dick wie ein Telefonkabel, deswegen sagen die Römer Supplì al Telefono dazu.

Während »Streetfood« in der internationalen Foodie-Szene zu den neuesten Schlagwörtern gehört, ist das Konzept in Rom ganz und gar nicht neu. Die Dinge, die ich heute in Imbissen als Streetfood angepriesen sehe (Panino con Porchetta, Pizza rossa, Fritti) waren nahezu schon immer Grundnahrungsmittel, ja, sie machen die Kindheitserinnerungen meiner ersten Italienreise in den 80ern aus. Hier in Rom wird der Begriff auf alles angewendet, was man unterwegs, im Stehen in einer Bar oder buchstäblich auf der Straße essen kann. Es geht schnell, ist üblicherweise günstig und seit sich die Wirtschaftskrise im letzten Jahrzehnt und die Pandemie spürbar auf die Haushaltsbudgets der Italiener auswirken, ist es sogar noch populärer geworden. Außerdem ist der Innovationsgeist mit alten Klassikern in neuem Gewand auch in die Streetfood-Szene vorgedrungen, zum Beispiel Supplì mit Carbonara- oder Cacio-e-Pepe-Füllung.

Wie viele andere Friggitorien in der Stadt, hat auch das I Supplì Gerichte im Angebot, die man in einem Tavola calda (italienische Version eines Cafés oder einer Cafeteria) finden würde – im Grunde die, die man auch zu Hause isst; denken Sie an Pastagerichte, gebratenes Fleisch und Ofengemüse. Und da Italiener Vertrauen zu ihrem örtlichen Anbieter fassen, verlassen sie sich darauf, garantiert eine günstige und dennoch gesunde Mahlzeit zu bekommen.

Es dauert wirklich nicht lange, zu Römern eine Beziehung mit Substanz zu entwickeln. Römer sind in ganz Italien als ausgelassen, freundlich und offen bekannt – so sind auch Loreto, Giacomo, Enrico und das Team von I Supplì. Manche Angestellte kenne ich mit Namen, andere nur vom Sehen, doch da ich so oft hingehe, fällt ihnen auf, wenn ich weg war, und sie begrüßen mich lächelnd mit »Bentornata« (ungefähr »Schön, dass Sie wieder da sind«). So etwas hebt den Service auf eine andere Stufe, sie vermitteln einem, etwas Besonderes zu sein und in gewissem Sinne zur Familie zu gehören.

Ich weiß noch, wie mir dies – vor allem in den ersten Monaten in Rom, als ich nicht viele Menschen kannte – das Gefühl gab, dass hier mein Platz ist und ich ein Teil dieser besonderen Gemeinschaft bin.

Und Gemeinschaft zählt zu den Dingen, die ich an Rom und Italien wirklich am meisten liebe, denn auch wenn hier nicht alles perfekt ist, so findet man doch überall Leidenschaft und Großherzigkeit.

VON **I SUPPLÌ, TRASTEVERE**

Supplì

Frittierte Reisbällchen

Sollte man einen Snack herausgreifen, den die Römer lieben, dann müssten es Supplì sein. Der Name geht auf das französische Wort für »Überraschung« zurück, denn sie sind mit einem zerlaufenden Mozzarellakern gefüllt. Römische Kinder essen ein Supplì als Snack nach der Schule, und oft findet man sie auf den Speisekarten von Pizzerien als das übliche Fritto (frittierter Appetizer), bevor die Pizza serviert wird. Mein Favorit stammt aus dem I Supplì in Trastevere. Man gab mir das althergebrachte Rezept, das als das Beste in Rom gilt.

Ergibt 10 Stück

2 Eier
200 g feines trockenes Paniermehl
Olivenöl nativ extra zum Frittieren

Reisfüllung
250 g Tomaten
3 EL Olivenöl nativ extra
½ Zwiebel, fein gewürfelt
½ Stange Staudensellerie, fein gewürfelt
50 g Hähnchenleber, fein gehackt
80 g Rinderhackfleisch
60 ml trockener Weißwein
Salz und schwarzer Pfeffer aus der Mühle
250 g Carnaroli- oder Arborio-Reis
500 ml Brühe
1 Ei, verquirlt
50 g frischer Mozzarella

1. Zuerst die Reisfüllung zubereiten. Tomaten häuten: An der Unterseite kreuzweise einschneiden, in eine hitzebeständige Schüssel legen und mit kochendem Wasser übergießen. Nach 30 Sekunden in eine Schüssel mit kaltem Wasser legen und die Haut, beginnend beim Kreuz-Einschnitt, abziehen. Tomaten halbieren und mit einem Löffel die Kerne entfernen. Tomaten klein schneiden und beiseitestellen.
2. Olivenöl in einem großen Topf erhitzen. Zwiebel und Sellerie auf mittlerer Stufe leicht sautieren, bis beides weich ist. Hähnchenleber und Rinderhackfleisch zufügen und ca. 5 Minuten braten oder bis alles Fleisch rundum gebräunt ist. Wein und Tomaten einrühren. Mit Salz und großzügig mit schwarzem Pfeffer würzen.
3. Deckel auflegen und ca. 10 Minuten auf niedriger Stufe köcheln lassen oder bis die Soße allmählich dick wird. Reis und Brühe hinzugeben, gut umrühren und weitere 20 Minuten unter gelegentlichem Umrühren kochen lassen, bis der Reis al dente ist. Falls nötig, noch etwas Brühe oder Wasser zugeben. Das Gemisch sollte dick und kompakt sein, ähnlich wie Risotto. Vom Herd nehmen, verquirltes Ei einrühren. Gemisch auf ein großes Blech gießen und abkühlen lassen, sodass der Reis die ganze Soße aufnimmt.
4. In der Zwischenzeit Mozzarella in 1 cm große Würfel schneiden und in ein Sieb geben, damit die überschüssige Flüssigkeit abtropft.
5. Wenn der Reis Zimmertemperatur erreicht hat, eine Handvoll der Mischung abnehmen, einen Mozzarellawürfel hineinlegen und den Reis zu einem eiförmigen Bällchen schließen; darauf achten, dass der Käse von Reis umhüllt bleibt. Mit den Händen in eine ovale Form pressen. Die übrigen Supplì sollen möglichst gleich groß und gleich geformt sein. Auf ein mit Backpapier ausgelegtes Blech legen, bereit zum Panieren.
6. Eier in einer Schüssel aufschlagen und Paniermehl auf einen großen Teller schütten. Jedes Bällchen in Ei tauchen und dann in Paniermehl wälzen; Panade mit den Händen andrücken. Die panierten Supplì wieder auf das Blech legen.
7. Wenn alle Supplì fertig sind, viel Olivenöl in einen großen Topf geben und auf ca. 170 °C erhitzen (Kochthermometer).
8. Die Supplì einzeln ins Öl geben, damit dessen Temperatur nicht absinkt, und in Portionen von 2–3 Stück in 7–8 Minuten golden frittieren; dabei regelmäßig wenden, damit sie eine gleichmäßige Farbe bekommen.
9. Auf Küchenpapier abtropfen lassen und heiß servieren, wenn der Mozzarellakern zerfließt und die Hülle knusprig ist.

VON **PIERO DRAGO,** *GEKO* **(OLBIA) UND JACOPO RICCI,** *DOPO LAVORO RICREATIVO* **(FRASCATI)**

Filetti di Baccalà alla Romana

Salzkabeljau im Ausbackteig nach römischer Art

Salziger frittierter Baccalà, oder Salzkabeljaufilets, stehen in Rom standardmäßig auf der Karte, von der Trattoria bis zur Pizzeria, und in den Friggitorien der Stadt natürlich auch. Das Einweichen, um das überschüssige Salz aus dem Kabeljau auszuwaschen, und das Ausbacken im Teigmantel sind wesentlich in diesem Rezept der jungen römischen Köche Piero Drago und Jacopo Ricci. Sie sagen, der Baccalà muss ungefähr 48 Stunden in Wasser einweichen; das Wasser ist dabei etwa alle 8 Stunden zu wechseln. Und für die knusprige Leichtigkeit muss der Ausbackteig eiskalt sein.

In dieser Version ist der Ausbackteig für den Fisch schön leicht im Gegensatz zum schwereren, den man in Rom häufig antrifft.

Für 4 Portionen

600 g Baccalà-Filets (Salzkabeljau)

Olivenöl nativ extra zum Ausbacken

Ausbackteig

300 g Allzweckmehl plus etwas mehr, um den Fisch darin zu wenden

100 g Maisstärke

2 TL Backpulver

1 Eigelb

300 ml Leichtbier oder Lagerbier

100 ml Mineralwasser mit Kohlensäure

Eiswürfel

1. Vorgeweichte Baccalà-Filets kaufen oder alternativ die Filets 48 Stunden in kaltem Wasser einweichen. Das Wasser alle 8 Stunden wechseln, um das Salz auszuwaschen und den Fisch sich wieder vollsaugen zu lassen.
2. Für den Ausbackteig in einer großen Schüssel Mehl, Maisstärke und Backpulver mischen, dann Eigelb, Bier und Sprudel hinzufügen und gründlich zu einem glatten Teig verquirlen. Kein Salz hineingeben, denn der Baccalà ist selbst sehr salzig.
3. Den Teig durch ein Sieb abgießen, damit auch sicher keine Klümpchen oder Bodensatz darin sind, dann im Kühlschrank mindestens 1 Stunde ruhen lassen.
4. Wenn es ans Ausbacken geht, die Baccalà-Filets abspülen und mit Küchenpapier trocken tupfen, um alle Feuchtigkeit zu entfernen. In ca. 2–3 cm dicke Streifen schneiden. Viel Olivenöl in einen großen Topf mit schwerem Boden geben und auf ca. 170 °C erhitzen (Kochthermometer). Mit einem Tropfen Teig die Temperatur prüfen: Wenn er zischend in der Pfanne schwimmt, ist das Öl bereit.
5. Teig aus dem Kühlschrank nehmen und einige Eiswürfel hineingeben, damit er kalt bleibt.
6. Etwas Extramehl in eine Schüssel geben. Nun in 2 oder 3 Portionen arbeiten: Die Baccalà-Streifen leicht mit Mehl überziehen, in den Ausbackteig tauchen und vorsichtig ins heiße Öl geben. In insgesamt 4–5 Minuten golden ausbacken und die Stücke dabei regelmäßig mit einem Schöpflöffel bewegen, damit sie eine gleichmäßige Farbe bekommen.
7. Auf Küchenpapier abtropfen lassen und heiß servieren.

An jedem beliebigen Wochentag steht man in der beliebtesten Friggitoria von Trastevere in der Warteschlange, bei I Supplì (und seit der Pandemie erstreckt sich diese Schlange oft noch weiter die Straße hinunter). Diese winzige, aber quirlige Öffnung in der Wand, die zugleich eine Rosticceria ist (dort bekommt man gegrilltes Fleisch, zum Beispiel Hähnchen) und Pizza al Taglio (stückweise) verkauft, ist Italiens Version von Fastfood, allerdings kein Shop für hochverarbeitetes Zuckerzeug. Man arbeitet dort mit allerbesten Zutaten – DOP-Produkten (also durch italienische Konsortien geschützte Qualität) und sehr viel Liebe.

Römer aus der ganzen Stadt und Touristen aus aller Welt kommen zum I Supplì, um in den namengebenden Produkten zu schwelgen, dem beliebtesten hiesigen Streetfood: den Supplì. Sie finden bei ihrer Ankunft jedoch sehr viel mehr – meiner Meinung nach ist die Pizza Marinara im Supplì die beste in Rom! Die Kundschaft ist gesellschaftlich bunt gemischt: Kinder, die sich nach der Schule einen Snack holen, Büroangestellte, die ein gutes, aber schnelles Mittagessen möchten, berufstätige Eltern mit wenig Zeit zum Kochen. Sie gehen zufrieden fort und kommen immer wieder.

Der verstorbene Venanzio Sissini eröffnete I Supplì im Jahr 1979, und 1990 begannen die Freunde Loreto Bizzarri (Venanzios Schwager), Giacomo Lucarelli und Enrico Bravi, dort zu arbeiten, und übernahmen es schließlich im Jahr 2002. Alle drei kamen aus anderen Bereichen; Loreto war zum Beispiel im Bank- und Finanzsektor tätig, doch die gemeinsame Liebe zum Essen führte sie auf diesen Weg.

Loreto sagt: »I Supplì begann als kleine Pizzeria und Friggitoria, doch dann fingen wir an, auch warme Gerichte wie Pasta dazuzunehmen – Cannelloni, Lasagne, Auberginen-Parmigiana. Und der Rest ist Geschichte!« Die Qualität ihrer Speisen sei ihr Wettbewerbsvorteil. Sie verwenden zum Beispiel nur hochwertige Zutaten wie San-Marzano-DOP-Tomaten, und für ihre Käsesorten sowie Mehl, Pasta und Fleisch gilt dasselbe. »Was wir zubereiten, könnte man ganz einfach mit weniger hochwertigen Zutaten nachmachen, aber man kann den Unterschied schmecken und unsere Kundschaft kommt immer wieder, weil sie glücklich ist, wir machen also offenbar etwas richtig!«

Die Friggitoria spielt in der römischen Küche eine wichtige Rolle, erklärt Loreto. »Frittierte Nahrungsmittel sind ein Grundbaustein im Repertoire, von gefüllten und frittierten Zucchiniblüten und Baccalà bis zu doppelt frittierten Artischocken nach jüdischer Art. Jeden Tag bereiten wir Gerichte zu, die Teil der Cucina romana sind, wie Pasta mit Coda alla Vaccinara (Ochsenschwanzeintopf) oder Amatriciana. Dieses Essen hat seinen Ursprung in Rom, man findet es daher an keinem anderen Ort auf der Welt. Wir erhalten die Traditionen der Vergangenheit und präsentieren sie nicht nur Besuchern, sondern auch Römern, vor allem den Jüngeren, die sie entweder vergessen haben oder gar nicht kennen.«

Der Fokus des I Supplì war, ist und bleibt immer auf der Tradition, so Loreto. »Wir kochen, was unsere Mütter und Großmütter immer für uns gekocht haben und was leider verloren gehen wird, wenn wir es nicht weiterhin ehren und weitergeben.«

Streetfood als Konzept ist nicht neu. Nach Loretos Meinung hat es sich – während es zunächst aus einer Notwendigkeit heraus entstanden war – in letzter Zeit qualitativ entwickelt und verbessert. »Die Gesellschaft hat sich verändert, ist weiter. Vor Jahren war es in Italien so, dass Männer und Kinder sowohl zum Mittag- als auch zum Abendessen nach Hause kamen und ein selbst gekochtes Essen auf dem Tisch vorfanden. Das ist heute eine Seltenheit. Das Leben ist hektischer geworden. Die Menschen essen öfter außer Haus.« Die globale und in jüngerer Zeit europäische Wirtschaftskrise hat die Römer schwer getroffen. »Sie wollen schnelles und preisgünstiges Essen, aber es muss authentisch und von guter Qualität sein. Und da kommen wir ins Spiel«, sagt Loreto.

In Rom werden Essgewohnheiten hochgehalten, und im I Supplì ist das nicht anders. Ich bin mindestens ein paar mal pro Woche dort und achte darauf, dass ich den Donnerstag nicht verpasse – Gnocchi-Tag in Rom. Ihre Gnocchi sind köstlich, und ich staune immer, dass ich für ein paar Euro in einem Imbiss ein so gesundes, leckeres Essen zu mir nehmen kann. Jeden Freitag (wenn Italiener, früher aus religiösen Gründen, kein Fleisch essen), gibt es frittierte Calamari, Baccalà und Pastagerichte mit Meeresfrüchten.

Loreto, Enrico und Giacomo teilen ihre Leidenschaft für traditionelles Kochen mit ihrem engagierten Team. Das eint sie und ist seit jeher der fundamentale Faktor im wachsenden Erfolg des Betriebs.

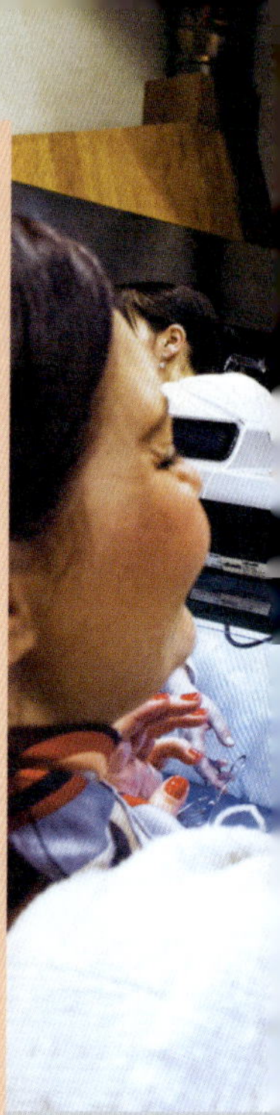

LORETO BIZZARRI

I SUPPLÌ

VON **TONI BRANCATISANO**

Fiori di Zucca

Frittierte Zucchiniblüten

Einer meiner Lieblingsgenüsse in Rom, und wenn Zucchiniblüten auf der Karte stehen, landen sie immer auf meinem Teller! Meine Friggitoria im Viertel bietet sie an, und sie sind in der Pizzeria, der Trattoria und sogar in manchen Restaurants als Antipasto beliebt.

Diese Version von Toni ist köstlich leicht und kross. Zucchiniblüten werden mit Mozzarella und einem Stück Sardelle gefüllt, dann in einen leichten Ausbackteig getunkt und frittiert. Bevor ich nach Rom kam, habe ich selten Sardellen gegessen, doch jetzt mag ich sie sehr gern. In diesem Rezept gibt die Sardelle dem Ganzen allerdings lediglich einen salzigen Kern. Lassen Sie sie für eine vegetarische Version gern weg. Toni fügt der Füllung noch ein Blatt Basilikum hinzu; kann man machen, muss man aber nicht.

Für 4 Portionen

12 Zucchiniblüten
125 g Mozzarella
6 Sardellenfilets in Olivenöl
12 kleine Basilikumblätter (optional)
100 g Allzweckmehl
50 g Maisstärke
25 g Backpulver
250 ml eiskaltes Mineralwasser mit Kohlensäure
Pflanzenöl zum Ausbacken

1. Stempel und Staubgefäße aus den Zucchiniblüten entfernen, die Blüten dabei intakt lassen und aufpassen, dass die Blütenblätter nicht zerrissen werden.
2. Mozzarella in 3 cm lange Streifen schneiden und Sardellenfilets halbieren. In jede Blüte ein Mozzarellastück, ein Stück Sardelle und, falls verwendet, 1 Basilikumblatt geben. Zum Verschließen die Blütenblätter am Ende vorsichtig miteinander verdrehen.
3. Den Ausbackteig zubereiten: Mehl, Maisstärke, Backpulver und Sprudel in einer Schüssel zu einem glatten Teig ohne Klümpchen verquirlen.
4. Pflanzenöl in einen Topf mit schwerem Boden füllen und sehr heiß erhitzen, ca. 200 °C auf einem Kochthermometer. Die gefüllten Blüten in den Teig tauchen, überschüssigen Teig abschütteln, dann je 1 oder 2 Blüten in das heiße Öl geben. 3–4 Minuten ausbacken oder bis der Teig golden und knusprig ist; Blüten dabei mit einem Schöpflöffel regelmäßig umherbewegen, damit sie eine gleichmäßige Farbe bekommen.
5. Auf Küchenpapier abtropfen lassen und heiß servieren.

VON **ELEONORA BALDWIN**

Mozzarella in Carrozza

Mozzarella »in der Kutsche«

Laut Eleonora, die mir dieses Rezept gegeben hat, ist dieser ur-römische Mozzarella in carrozza – in der Kutsche – aus der Hand zu essen. Der Name sei eine Homage an die langen, gezogenen Fäden aus geschmolzenem Käse, die an die Zügel von Pferdekutschen erinnern. Eleonora ist römisch-amerikanisch und wuchs mit diesen zu goldener Perfektion frittierten Köstlichkeiten auf. »Genieß sie sofort – und aus der Hand, hörst du –, bevor sie gummiartig werden und den sündhaft knusprigen Charakter verlieren.«

In Rom findet man diese Mozarella-Zubereitung in Take-away-Imbissen wie der Friggitoria oder auf den Karten von Pizzerien als Appetizer vor der Pizza. Anders als in Eleonoras Version sind sie oft paniert.

Für 4 Portionen

- 400 g Büffelmozzarella
- 8 Scheiben Weißbrot/Toastbrot ohne Rinde
- 400 g Mehl Type 00 oder Allzweckmehl
- 4 Eier, verquirlt
- 100 ml kalte Milch
- 1 gute Prise Salz
- 500 ml Pflanzenöl zum Frittieren

1. Mozzarella in dünne Scheiben schneiden, dann auf Küchenpapier legen und abtupfen, um überschüssige Flüssigkeit zu entfernen, die das Brot aufweichen würde.
2. Mozzarella gleichmäßig auf 4 Brotscheiben verteilen und ringsum 1 cm Rand lassen. Die restlichen Brotscheiben auflegen. Mit den Fingern die Sandwiches an den Rändern zusammenpressen und zu Taschen verschließen, damit der Käse nicht ausläuft.
3. Mehl in eine Schüssel geben. In einer zweiten Schüssel verquirlte Eier, Milch und Salz vermischen.
4. Das Pflanzenöl in einer großen Pfanne mit schwerem Boden auf ca. 180 °C erhitzen (Kochthermometer).
5. Sandwiches mit etwas Mehl überziehen. In das Eigemisch tauchen und darauf achten, dass alle Seiten bedeckt sind (das kann etwas schmierig werden). In mehreren Durchgängen die Sandwiches mit einem Pfannenwender vorsichtig ins heiße Öl geben und 5–6 Minuten ausbacken; dabei oft wenden, bis beide Seiten golden und knusprig sind.
6. Auf Küchenpapier abtropfen lassen und superheiß verspeisen.

*»Für jemanden, der Rom nie gesehen hat,
ist schwer zu glauben, wie schön das Leben sein kann.«*

ANONYM

AVRENTIO ET IPPOLYTO MARTIRIBVS
CONGREGATIONIS VRBANA

Crocchette di Patate

Kartoffelkroketten

Kartoffelkroketten sind in Rom ein Standard-Streetfood-Snack. Sie gehören zu jener Liste mit leckeren Fritti (frittierte Speisen), die am Anfang der Speisekarte einer Pizzeria steht. Oft sind Crocchette ein Element einer gemischten Platte mit Frittiertem, und man sieht sie häufig auf den Aperitivo-Buffets in der Stadt. In letzter Zeit bekommt die gute alte Krokette etwas mehr Aufmerksamkeit, und nicht selten findet man in Rom Feinschmeckervarianten. In der Friggitoria bei mir um die Ecke gibt es eine geradezu dekadente Variante mit vier Sorten Käse sowie eine mit Baccalà und Kartoffeln. Die Zubereitung ist kinderleicht und sie eignen sich hervorragend als Starter bei einem Partyessen, denn sie sind das perfekte Fingerfood.

Dies ist das Rezept für die klassischen Crocchette. Wenn Sie die Technik erst beherrschen, probieren Sie auch einmal, Zutaten wie Pancetta oder verschiedene Käsesorten einzuarbeiten; die Kombinationsmöglichkeiten sind unendlich.

Ergibt 30 Stück

2 Eier, verquirlt

200 g feines, trockenes Paniermehl

Pflanzenöl zum Frittieren

Füllung

1 kg mehligkochende Kartoffeln

2 Eigelb

1 Prise Salz und schwarzer Pfeffer

1 Prise Muskatnuss, frisch gerieben

100 g Parmigiano Reggiano, gerieben

1. Für die Füllung die ganzen ungeschälten Kartoffeln abspülen und in einen großen Topf geben. Mit kaltem Wasser bedecken und zum Kochen bringen, dann 35–40 Minuten lebhaft kochen lassen oder bis sie soeben weich sind. Abgießen und so weit abkühlen lassen, dass man sie anfassen kann, dann pellen. Die noch warmen Kartoffeln zu Püree verarbeiten.
2. In einer separaten Schüssel das Eigelb mit 1 Prise Salz und schwarzem Pfeffer verquirlen und zum Kartoffelpüree geben. Mit Muskatnuss würzen und Parmigiano hinzugeben. Gründlich vermengen und die Zutaten zu einer geschmeidigen Konsistenz mischen. 1 Handvoll Gemisch abnehmen (ca. 35 g) und zylindrisch formen, die Enden abrunden. Die geformten Crocchette auf ein mit Backpapier ausgelegtes Blech legen.
3. Zum Panieren die verquirlten Eier in eine Schale geben, eine zweite mit dem Paniermehl füllen. Crocchette ins Ei tauchen und danach im Paniermehl wälzen; die Panade mit den Händen andrücken. Wieder auf das Blech legen.
4. Sind alle Crocchette vorbereitet, viel Pflanzenöl in einem mittelgroßen Topf mit schwerem Boden auf etwa 180 °C (Kochthermometer) erhitzen. Damit die Öltemperatur nicht so sehr absinkt, in mehreren Durchgängen je 3 oder 4 Crocchette im heißen Öl 3–4 Minuten frittieren. Dabei mit einem Schöpflöffel umrühren, damit sie rundherum goldfarben sind.
5. Auf Küchenpapier abtropfen lassen und heiß servieren.

Mozzarelline fritte

Frittierte Mini-Mozzarellakugeln

Dies ist mein römisches Laster! Ich kann nur schwer an ihnen vorbeigehen – bei einem Take-away greife ich gern zu, oder in meiner hiesigen Pizzeria. Im wahrsten Sinne des Wortes sind es panierte und frittierte Mozzarella-Häppchen, Bocconcini, salziges Comfort Food, das man zu Hause einfach herstellen kann. Auf Partys und bei Kindern ein Renner! Man kann die Kugeln vorbereiten, aber frittieren Sie sie erst im letzten Moment und essen Sie sie unbedingt heiß.

Für 4 Portionen

400 g Bocconcini (frische Mini-Mozzarellakugeln) oder große Mozzarellakugeln, in 2 cm große Würfel geschnitten

200 g feines trockenes Paniermehl

1 TL gemahlener Zimt

Salz und Pfeffer

2 Eier

1 EL Milch

Pflanzenöl zum Frittieren

1. Mozzarellakugeln in einem Sieb abtropfen lassen und mit Küchenpapier trocken tupfen, um überschüssige Flüssigkeit zu entfernen.
2. In einer Schüssel Paniermehl mit Zimt vermischen und mit Salz und Pfeffer würzen. In einer separaten Schüssel Eier und Milch miteinander verquirlen.
3. Jedes Mozzarellastück schnell in die Eimischung tauchen, dann vorsichtig im Paniermehl wälzen. Die Panade mit den Händen leicht festklopfen.
4. Panierten Mozzarella auf ein mit Backpapier ausgelegtes Blech legen, bereit zum Frittieren.
5. Eine große Menge Pflanzenöl in einen großen Topf mit schwerem Boden geben und auf ca. 170 °C (Kochthermometer) erhitzen. In mehreren Durchgängen die Kugeln vorsichtig in das heiße Öl geben und 2–3 Minuten frittieren; mit einem Schöpflöffel umrühren, damit sie rundherum golden werden.
6. Auf Küchenpapier abtropfen lassen und sehr heiß servieren.

APERITIVO

Zu meinem liebsten Zeitvertreib und meinen liebsten italienischen Traditionen gehört der Aperitivo, Sammelbegriff für ein Getränk vor dem Abend- und sogar vor dem Mittagessen, das vielerlei Form haben kann. Gerade in Rom herrscht sicher kein Mangel an Bars oder Kneipen! Craftbeer und Cocktailbars scheinen in der ganzen Stadt der neueste Trend zu sein, und Wein ist sowieso immer beliebt. Besucher und Einheimische haben also die Qual der Wahl, wenn sie nicht nur generell auf einen Drink, sondern auf einen sehr guten Drink aus sind.

Grundsätzlich ist die Aperitivo-Zeit irgendwo zwischen Arbeitsende und Essenszeit. In Rom wird nie vor 20 oder 21 Uhr gegessen, daher nehmen die Menschen den Aperitivo zwischen 19 und 21 Uhr zu sich. Es kann ganz einfach ein schnelles Getränk in der Bar sein oder eine längere Angelegenheit, zu der man Platz nimmt, Häppchen bekommt oder sich einen Teller am Buffet füllt (üblicherweise eine Auswahl an Pizza, warmen Gerichten, Salaten, Pasta und Gemüse). Es kann wirklich alles sein, was man möchte: Eilig, ausgedehnt, mit nur einer weiteren Person oder in einer großen Gruppe.

Es heißt, die Mailänder hätten den klassischen Aperitivo zwar erfunden (die erste Campari-Produktion begann Anfang des 20. Jahrhunderts gleich außerhalb der Stadt), der Trend aber verbreitete sich rasch in ganz Italien, und die Römer haben ihn gewiss perfektioniert. Der Aperol Spritz kommt aus Venedig, ein Meer dieser charakteristischen orangefarbenen Flüssigkeit auf den Tischen und Bars in Rom zur Aperitivo-Zeit ist heute jedoch nichts Ungewöhnliches.

Bis circa in die 1920er-Jahre, so wird gesagt, mixte man in Italien die Drinks vor dem Abendessen mit Mineralwasser. Ein Amerikaner – Graf Camillo Negroni – bereiste damals Florenz und bat stattdessen um Gin: Der Negroni aus Campari, süßem Wermut und Gin war geboren. Von nun an entwickelte sich der Aperitivo und wurde immer raffinierter und vielfältiger, Snacks kamen auf die Tische, wo die Menschen an ihren Drinks nippten, und der Campari wurde mit Prosecco und Obstsaft gemischt.

Paolo Dianini ist Manager in Roms schöner, historischer Stravinskij Bar im luxuriösen Fünf-Sterne-Hotel de Russie und sagt, die Stunde des Aperitivo gehöre fest zur italienischen Kultur und sei die einfachste Art und Weise für Touristen, sich mit den Einheimischen zu mischen. Um sich einzufügen, empfiehlt er: »Bestellen Sie einen Aperol Spritz – der ist sicher am beliebtesten, gefolgt von Champagner und Franciacorta. Auch Wein ist ein klassisches Aperitivo-Getränk, und in den wärmeren Monaten sind gerührte und geschüttelte Cocktails wie Mojito oder Caipirinha die Drinks, die unsere Kunden wählen.«

Er sagt, Wermut habe in Rom in letzter Zeit ein großes Comeback erlebt. »Wermut ist die Mutter des italienischen Aperitivo, und Römer lieben Wermut in ihren Drinks, vor allem in den Klassikern Negroni oder Americano (Campari, süßer Wermut und Club Soda).« Der ebenfalls beliebte Negroni Sbagliato (»verpatzter Negroni«) wird statt mit Gin mit Prosecco zubereitet.

Während sich der köstliche Spritz des Stravinskij – eine Eigenkreation aus Prosecco gemischt mit ihrem 48 Stunden gezogenen hausgemachten Sirup aus Zitrone, Orange, Grapefruit, Passionsfrucht, Erdbeeren, Rhabarber und verschiedenen Gewürzen, darunter Safran – bei Römern und dem internationalen Jetset der Bar großer Beliebtheit erfreut, ist mein Favorit der Hugo, den ich dank eines Freundes entdeckt habe. In Norditalien ist er sehr beliebt und langsam (in echt italienischem Stil) bis nach Rom vorgedrungen; immer mehr Bars setzen ihn auf die Karte. Mit Prosecco und St.-Germain zubereitet (Holunderblütensirup; auf Italienisch heißt Holunder Sambuco, nicht zu verwechseln mit Sambuca), ist er im Sommer eine frische und großartige Option für Menschen wie mich, denen Aperol Spritz zu trocken ist.

Wein ist ebenfalls als Aperitivo geeignet, und bei der Auswahl wird man alles Mögliche, aber nicht durstig bleiben! Jede einzelne Region in Italien erzeugt Wein, und in letzter Zeit liegt der Fokus besonders auf natürlichen Weinen. Italien ist eines der wenigen Länder weltweit, die eine so umfangreiche Produktion und einen solchen Markt vorweisen können. Außerdem erzeugt und verkauft Italien nahezu 400 Millionen Flaschen Prosecco jährlich (Italiens Version von Sekt, aber bezeichnen Sie ihn gegenüber Franzosen oder Italienern niemals so!) und der aus dem Norden stammende Franciacorta ist der andere, sehr beliebte italienische Schaumwein!

Doch Italien ist nicht bloß ein Land von Weintrinkern, wie die Statistiken vermuten lassen, auch Bier wird seit jeher gern getrunken. Craftbeer hat in Rom in den letzten Jahren eine Art Renaissance erlebt, und Pubs und Geschäfte in der ganzen Stadt haben heute Mikrobrauereien aus Italien und dem Ausland im Sortiment.

Ob nun Wein, Bier oder ein Cocktail nach Ihrem Geschmack ist, beim Aperitivo geht es vor allem darum, zur Ruhe zu kommen, entspannt etwas zu trinken und Leute zu beobachten. Oh, und die Sache mit einem kleinen Snack zum Getränk ist auch nicht auf den Abend begrenzt. Zu jeder Tageszeit wird es in jeder römischen Bar ein paar Chips, Nüsse oder Oliven dazu geben, wenn man ein alkoholisches Getränk bestellt.

Suchen Sie sich also eine Bar, lehnen Sie sich zurück und genießen Sie La dolce Vita nach römischer Art.

Cin cin!

BVLGARI

Bar Totò
SANSON
city
SANSON

44

VON **ANGELO PREZIOSI**

Olive all'Ascolana

Frittierte gefüllte Oliven

In Rom kennt man diese mit Fleisch gefüllten panierten Oliven als Olive ascolane, weil Römer dazu neigen, Worte abzuschneiden und alles zu verkürzen. Olive all'Ascolana kommen, wie der Name vermuten lässt, aus der Stadt Ascoli Piceno in der mittelitalienischen Region Le Marche – sie sind wohl eine Kreation des nicht näher bekannten Kochs einer adligen Familie aus dem 17. Jahrhundert. Heute sind sie in ganz Italien ein beliebter Snack und Appetizer. In Rom nimmt man sich eine Tüte voll in der Friggitoria mit oder bestellt in der Pizzeria eine Platte als kleine Vorspeise.

Angelo verwendet das Rezept seiner verstorbenen Tante Elisa. Sie war für ihre frittierten Snacks bekannt und machte oft eine kleinere Menge davon zum Aperitivo vor dem Abendessen. Man kann sie im Voraus zubereiten, aber idealerweise isst man sie frisch frittiert.

Ergibt ca. 30 Stück

100 g Allzweckmehl
1 Ei, verquirlt
100 g feines trockenes Paniermehl
1 kg grüne Oliven, entsteint
Pflanzenöl zum Frittieren
Salz zum Bestreuen

Füllung
3 EL Olivenöl nativ extra
½ Zwiebel, gehackt
½ Karotte, gehackt
½ Stange Staudensellerie, gehackt
100 g Rinderhüfte
100 g Schweinelende
100 g Hähnchenbrust
125 ml trockener Weißwein
1 Ei, verquirlt
80 g Parmigiano Reggiano
30 g trockenes Paniermehl
1 Prise frisch gemahlene Muskatnuss
Saft von ½ Zitrone

1. Für die Füllung das Olivenöl in einer großen Bratpfanne erhitzen, Zwiebel, Karotte und Sellerie hinzugeben und 5 Minuten auf mittlerer Stufe weich braten; hin und wieder umrühren.
2. Das gesamte Fleisch klein hacken, ebenfalls in die Pfanne geben und 3–4 Minuten leicht bräunen. Wein zugießen und weitere 10 Minuten braten oder bis der Alkohol verdampft und die Flüssigkeit reduziert ist. Vom Herd nehmen, etwas abkühlen lassen, dann das Gemisch im Mixer zu einer Paste verarbeiten.
3. In einer Schüssel die Fleischmasse mit dem verquirlten Ei, Parmigiano, Paniermehl, Muskatnuss und Zitronensaft vermengen. Abdecken, in den Kühlschrank stellen und mindestens 30 Minuten erkalten lassen.
4. Wenn die Füllung kalt ist, einen Teller mit Mehl, eine Schüssel mit dem verquirlten Ei und einen Extrateller mit Paniermehl bereitstellen.
5. Die Oliven längs ganz aufschneiden. Eine Hälfte mit der Fleischmischung füllen und beide Hälften wieder zur Olivenform zusammenfügen. Oliven mit Mehl überziehen, dann ins verquirlte Ei tauchen und im Paniermehl wälzen; Panade mit den Händen leicht festklopfen. Panierte Oliven auf ein mit Backpapier ausgelegtes Blech legen, bereit zum Frittieren.
6. Eine große Menge Pflanzenöl in einen großen Topf geben und auf ca. 170 °C erhitzen (Kochthermometer). Damit die Öltemperatur nicht zu sehr absinkt, die Oliven nach und nach portionsweise hineingeben und 4–5 Minuten frittieren; dabei regelmäßig mit einem Schöpflöffel umherbewegen, damit sie gleichmäßig golden werden.
7. Auf Küchenpapier abtropfen lassen, mit etwas Salz bestreuen und heiß servieren.

VON **LINA PASQUALE**

Zucchine in Pastella

Zucchini in Ausbackteig

Gemüse in Ausbackteig ist in Rom mein Lieblingssnack für unterwegs. Auf dem Nachhauseweg mache ich oft im I Supplì einen Zwischenstopp, meiner hiesigen Friggitoria, und nehme eine Papiertüte mit frittierten Zucchini mit – verraten Sie es niemandem! Sie sind wie Pommes und machen süchtig. Ich mag das Salzige und rede mir ein, dass sie zu meiner »tägliche Gemüseration« zählen. Ich esse sie auch deshalb so gern, weil sie mich an meine Mutti erinnern. Dies ist ihr Rezept; während jedoch sie die Zucchini in Scheiben schneidet, werden sie in Rom meistens längs gestiftelt. Dieser Ausbackteig ist vielseitig verwendbar, statt Zucchini können Sie jedes andere knackige Gemüse nehmen, zum Beispiel Brokkoli oder Blumenkohl. Und glauben Sie mir, auch mit Salbeiblättern ist es lecker.

Für 4 Portionen

4 mittelgroße Zucchini
Salz zum Bestreuen
Pflanzenöl zum Frittieren

Ausbackteig
300 g Allzweckmehl
100 g Maisstärke
2 TL Backpulver
1 TL Salz
1 Eigelb
300 ml Leichtbier oder Lagerbier
100 ml Mineralwasser mit Kohlensäure

1. Spitze und Stielansatz abschneiden und die Zucchini mit Schale gleichmäßig stifteln (wie Pommes). In ein Sieb geben und mit Salz bestreuen. Für ca. 30 Minuten einen schweren Teller oder ein Gewicht daraufstellen, damit überschüssige Flüssigkeit abtropft und die Zucchini beim Frittieren knusprig bleiben.
2. In der Zwischenzeit in einer Schüssel Mehl, Maisstärke, Backpulver und Salz vermischen. Eigelb, Bier und Sprudel hinzugeben und alles zu einem glatten, klümpchenfreien Teig verquirlen. 15–20 Minuten ruhen lassen.
3. Wenn es ans Frittieren geht, viel Pflanzenöl in einem Topf mit schwerem Boden oder einer hohen Bratpfanne auf ca. 180 °C erhitzen (Kochthermometer). Öl mit einem Tropfen Teig prüfen: Wenn er zischt und umherschwimmt, ist das Öl bereit.
4. Zucchini mit Küchenpapier trocken tupfen, dann immer je 1 Handvoll in den Teig geben und vermengen, damit alle Stücke gleichmäßig überzogen sind. Dann mit einem Schöpflöffel vorsichtig in das heiße Öl lassen. Jede Portion ca. 2 Minuten frittieren, bis der Teig knusprig und golden ist, und regelmäßig wenden, damit die Farbe gleichmäßig wird.
5. Auf Küchenpapier abtropfen lassen, mit Salz bestreuen und sofort servieren.

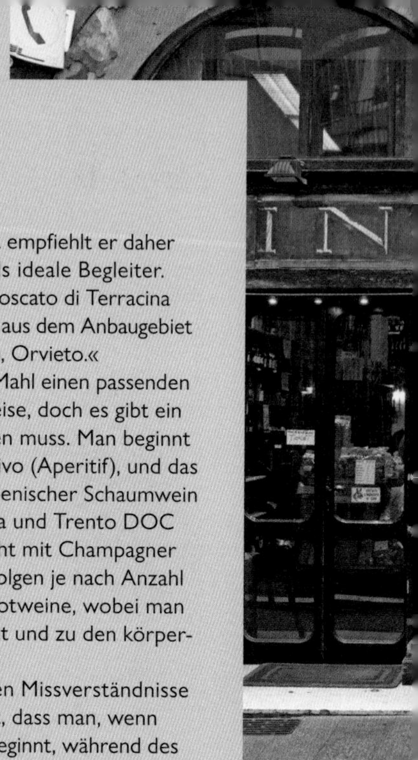

Marco Lori kam in Rom zur Welt und hat außer seiner Familie zwei Leidenschaften: Wein und Fußball. Bei Letzterem kommen wir nicht zusammen (er ist Lazio-Fan und ich bin für den ewigen Rivalen A. S. Roma), doch die Liebe zum Wein verbindet uns.

Die Neugier für die Weinherstellung kommt bei ihm aus der Kindheit, als sein Vater auf seinem Weinberg im Süden Roms Wein erzeugte. Marco besuchte eine auf Landwirtschaft ausgerichtete Fachoberschule, setzte diese Ausbildung fort und wurde 1995 schließlich Sommelier. 2014 erwarb er den Titel eines italienischen Masters of Wine – landesweit tragen nur 100 Personen diesen Titel, der auch nur in begrenzter Anzahl pro Jahr vergeben wird.

Der Weinkonsum in Rom hat zwar in letzter Zeit durch die Zunahme im Craftbeer-Sektor und die Fokussierung auf Cocktails Schwankungen erlebt, doch Marco sieht dies hauptsächlich bei den jungen Römern, und die Weinexporte sind sogar gestiegen. »Der Weinkonsum liegt in Italien derzeit bei 45 Litern pro Person, ist in den letzten paar Jahren jedoch auf sogar nur 35 Liter pro Person und Jahr gesunken, aber zum Glück steigen die Exporte, vor allem in die USA, wo man italienische Weine immer mehr schätzt. Die Produktion hat also nicht darunter gelitten.«

Italien hat eine der längsten Weinbautraditionen weltweit. Marco sagt, die Erzeugung von Wein habe in Rom und Roms Umgebung sogar noch vor dem Römischen Reich begonnen, bei den Sabinern bis zu den Etruskern. Daher ist der Genuss von Wein kulturell mit der italienischen DNA verknüpft und beginnt schon in jungem Alter. Es ist gar nicht so ungewöhnlich, zu sehen, wie Eltern ihren Kindern beim Abendessen ein Schlückchen Wein geben oder wie Teenager sich unter Aufsicht von Erwachsenen ein Gläschen genehmigen dürfen. Italiener konsumieren Wein nicht, um sich zu betrinken, sondern aus Geselligkeit und, ganz wichtig, um ihre Speisen abzurunden.

Marco sagt in diesem Zusammenhang, das Grundprinzip der Kombination von Wein und Speisen bestehe darin, Erzeugnisse und Weine aus denselben oder sich entsprechenden Gebieten zusammenzubringen. Speisen aus der Toskana werden allgemein gut zu toskanischen Weinen passen. und Nahrungsmittel, die in einem warmen, trockenen Klima angebaut werden, passen gut zu Weinen, die in einem ähnlichen Klima wuchsen. Zu den Klassikern der Cucina romana empfiehlt er daher Weine aus dem Lazio (Latium) als ideale Begleiter. »Weine wie Frascati, Cesanese, Moscato di Terracina oder alle DOC-zertifizierten Label aus dem Anbaugebiet Castelli Romani: Cerveteri, Circeo, Orvieto.«

Zu einem langen italienischen Mahl einen passenden Wein zu genießen, ist wie eine Reise, doch es gibt ein paar Regeln, an die man sich halten muss. Man beginnt im Allgemeinen mit einem Aperitivo (Aperitif), und das bedeutet Bollicine (Bläschen): Italienischer Schaumwein ist generell Prosecco, Franciacorta und Trento DOC (verwechseln Sie diese Weine nicht mit Champagner der französischen Marke). Dann folgen je nach Anzahl der Gänge mehrere Weiß- und Rotweine, wobei man bei den leichteren Tropfen beginnt und zu den körperreicheren weitergeht.

Marco sagt: »Eines der größten Missverständnisse mit Wein und festlichem Essen ist, dass man, wenn man zum Beispiel mit Weißwein beginnt, während des ganzen Essens bei Weißwein bleiben muss. Nichts falscher als das! Wenn möglich, sollte zu jedem Gericht ein Wein passend ausgesucht werden.«

Er hält das Aussuchen passender Weine für eine Wissenschaft, man könne jedoch eine schnelle, allgemeine Daumenregel anwenden. »Weißwein zu ›weißen‹ Speisen wie Carbonara und Rotwein zu ›roten‹, beispielsweise einer Amatriciana. Schaumweine passen gut zu fetten oder frittierten Gerichten, denn sie sind strukturiert genug, um den Gaumen zu reinigen. Süßer Wein passt gut zum Dessert und ist ein perfekter Kontrast zu Käse.«

Wenn es Zeit für den Aperitivo ist und Sie den klassischen Prosecco nicht mögen, hält Marco einen leichten, fruchtigen und aromatischen Weißwein wie Moscato, Chardonnay, Riesling oder Gewürztraminer für eine hervorragende Wahl. Es kann auch ein Rosé sein, und wenn Sie am liebsten Rotwein trinken, empfiehlt er etwas Leichteres wie Pinot Noir, Sangiovese oder Barbera.

Bei einer Romreise rät Marco, mit den Hausweinen in den Trattorien der Stadt vorsichtig zu sein. »Sie kosten vielleicht wenig, haben aber nicht immer eine gute Qualität, und eine gute Flasche Wein kostet in Rom auf keinen Fall die Welt. Fragen Sie immer nach der Weinkarte, und wenn ein Sommelier im Haus ist, dann bitten Sie um Tipps, gestützt auf das, was Sie essen.«

MARCO LORI

SOMMELIER UND MASTER OF WINE

IL FORNO

Ich erinnere mich noch lebhaft an die ersten Besuche im Forno in meinem Viertel Trastevere. Es kam mir vor, als würden jede andere Signora (ältere Dame) und sogar Kinder vor mir bedient. Ich merkte schnell, dass mich meine angeborene australische Fähigkeit zum Schlangestehen hier nicht sehr weit bringen würde. Als ich ein paar Mal dort gewesen war, sagte mir einer der Mitarbeiter, ich müsse die römische Methode lernen und mir, weniger höflich, einen Weg ganz nach vorn bahnen. Das mag Ausländern grob oder aggressiv erscheinen, aber zum Kuckuck! 60 Millionen Menschen leben in Italien, forsch zu sein ist in ihrer DNA begründet!

Das Konzept, Brot in einer Bäckerei zu kaufen (und es nicht selbst zu Hause zu backen), soll irgendwann um 280 v. Chr. in Rom entstanden sein. Zur Zeit des Kaisers Augustus (27 v. Chr. bis 14 n. Chr.) hatte Rom über 250 Bäckereien und sogar eine Art Bäckergilde. Man kann also sagen, Rom und sein Umland haben eine starke Brotherstellungstradition.

Im Forno in Rom bekommt man nicht nur Brot. Forno heißt »Ofen«, und so kann man einfach alles, was im Ofen gebacken wird, dort erwerben, von Keksen und anderen süßen Dingen wie Crostata (ein oft mit Marmelade oder Schokolade und Ricotta gefüllter Mürbeteigkuchen) bis zur Pizza.

Pizza bianca und Pizza rossa stehen im Forno standardmäßig auf dem Tresen, und manche Bäckereien in der Stadt erweitern ihre Auswahl, um andere Pizzasorten al Taglio anzubieten.

Pizza bianca und Pizza rossa lassen sich mit »weiße Pizza« und »rote Pizza« übersetzen. Pizza bianca ist Roms Variante eines Fladenbrots oder einer Focaccia, luftig, salzig und geradezu süchtigmachend. Pizza rossa ist im Allgemeinen Pizza bianca, aber mit Tomatensoße bestrichen.

Pizzette – wörtlich kleine runde und mundgerechte Pizzen mit Tomatensoße – sind ebenfalls ein höchst beliebtes Forno-Produkt.

Man kann in der Bäckerei sogar auf Porchetta stoßen, und das ist perfekt, denn sie passt unglaublich gut zu frischem Brot als Mittagsimbiss oder zu jeder Zeit als Panino-Snack. Porchetta ist aufgerolltes und gewürztes Schweinefleisch, im mit Holz befeuerten Ofen gebacken, bis es innen saftig ist und sich außen eine krosse Kruste gebildet hat.

In meiner Kindheit hat meine Mama Porchetta für Feiern zubereitet, aber ich habe nie welche gegessen. Erst heute weiß ich, was ich da verpasst habe, und gebe nun mein Bestes, um die verlorene Zeit aufzuholen.

Eine Erweiterung des Forno ist das Biscottificio. Biscotti ist der italienische Oberbegriff für Gebäck und Kekse und Biscottificio bedeutet wörtlich »Keksgeschäft«. Ich habe das Glück, dass nur einen kurzen Fußmarsch von meiner Wohnung entfernt ein solches Geschäft ist. Da spricht einfach etwas direkt zum Herzen, wenn man das Aroma gebackener Kekse riecht. Die süßen Düfte versetzen einen zurück in die Kindheit, und für mich ist ein Besuch in meinem örtlichen Biscottificio Innocenti wie eine Reise in die Vergangenheit. Sie backen zig verschiedene Gebäcksorten und sind im Viertel eine echte Institution.

VON **ANTICO FORNO ROSCIOLI**

Pizza bianca

Die Pizza bianca ist Roms Version von Focaccia oder Fladenbrot. Sie ist innen normalerweise luftig-weich und außen kross im Biss und mit Salz bestreut. Man isst sie aus der Hand, und ja, die Finger werden dabei durchaus etwas fettig und salzig. Der Antico Forno Roscioli ist für seine Pizza bianca berühmt, und dies ist das Rezept – es zu Hause nachzubacken ist nicht allzu schwer. Wenn Sie sie auf die römische Art essen wollen, schneiden Sie eine auf und füllen Sie sie mit Mortadella. Im römischen Dialekt heißt dies Pizza e Mortazza und gehört zu den einfachen Dingen, die das Leben schön machen.

Ergibt 2 Bleche à ca. 34 × 40 cm

500 g Mehl Type 812
3 TL Salz
1 TL Malz oder feinster Zucker
1 TL frische Hefe
50 ml Milch
340 ml Wasser
Olivenöl nativ extra zum Einfetten
feines Hartweizenmehl zum Bestäuben
Meersalzflocken zum Bestreuen (optional)
Füllung nach Belieben

1. Mehl, Salz und Malz zusammen in eine große Schüssel oder die Schüssel eines elektrischen Standmixers mit eingesetztem Knethaken sieben. In einer weiteren Schüssel die frische Hefe in die Milch mischen, dann Wasser zugeben.
2. Wird ein elektrischer Standmixer verwendet, etwas vom Milchgemisch ins Mehl gießen und dann nach und nach die restliche Flüssigkeit hinzufügen, während sich die Zutaten vermischen. Wer mit den Händen arbeitet, vermischt Flüssigkeit und Mehl mit einer Gabel und verknetet dann alles zu einem Teig. Das Gemisch wird sehr weich sein; falls es zu nass ist, etwas Mehl zusätzlich hineingeben.
3. Wenn der Teig geschmeidig ist, diesen zu einer Kugel formen und in eine Schüssel legen. Etwas Olivenöl auf dem Teig und der Unterseite eines Stücks Frischhaltefolie verteilen. Teig mit der Folie abdecken und bei Zimmertemperatur über Nacht oder mindestens 10–12 Stunden gehen lassen; im Sommer an einen kühlen Ort stellen.
4. Wenn der Teig gegangen ist, eine saubere Fläche – am besten Holz – mit dem Hartweizenmehl bemehlen. Den Teig herausnehmen und behutsam kneten. Zu 2 Kugeln formen und weitere 30 Minuten ruhen lassen.
5. Den Ofen auf 240 °C vorheizen. In der Zwischenzeit etwas Olivenöl auf 2 Backbleche gießen; die Bleche neigen, um das Öl zu verteilen. Auf der bemehlten Fläche von zuvor beide Teigkugeln zur Größe der Bleche dehnen, dann den Teig von beiden Seiten durch das Öl ziehen und ihn schließlich mit den Fingern in das Blech pressen. Davon erhält die Pizza ihre charakteristische wellige Form und die Lufttaschen, die bei der langen Gehzeit entstanden sind, bleiben erhalten.
6. In den Ofen geben und 12–15 Minuten backen, bis der Teig allmählich leicht golden wird.
7. Herausnehmen, die Oberflächen nochmals mit Öl bepinseln und falls gewünscht mit Meersalz bestreuen.
8. Heiß verzehren oder abkühlen lassen und mit dem füllen, was Ihnen schmeckt.

VON **ANTICO FORNO ROSCIOLI**

Pizza rossa

Meine erste Erinnerung an Pizza rossa entstand in den Abruzzen, als ich 6 Jahre war. Wir gingen am Morgen auf den Markt in der Stadt und brachten zum Mittagessen Pizza rossa und Brot mit nach Hause. Ich weiß noch, wie ich davon fasziniert war, dass sie in einem langen Stück gebacken wurde und man dem Verkäufer sagte, wie viel er einem abschneiden sollte.

Wie in den Abruzzen, findet man diese dünne, leckere Pizza, schlicht mit Tomaten-Topping, auch in ganz Rom in Bäckereien und an Straßenständen. Diese Version des Antico Forno Roscioli wird dort schon seit Jahrzehnten gebacken und ist bei Einheimischen und Touristen nach wie vor beliebt. Köstlich frisch aus dem Ofen und kalt nicht minder gut.

Ergibt 2 Bleche à ca. 34 × 40 cm

1 Menge Pizza-Bianca-Teig (siehe Seite 80)

Olivenöl nativ extra zum Beträufeln

Soße

400 g frische Tomaten

50 ml Olivenöl nativ extra

1 TL Salz

1 Prise getrockneter Oregano

1. Der Anleitung für Pizza-Bianca-Teig auf Seite 80 folgen und den Teig auf den Blechen backfertig ausdehnen.
2. Für die Soße die Tomaten häuten. Dazu die Unterseiten kreuzweise einschneiden, die Tomaten in eine hitzebeständige Schüssel geben und mit kochendem Wasser bedecken. 30 Sekunden stehen lassen, dann Tomaten in eine Schüssel mit kaltem Wasser geben und, beginnend beim Kreuzeinschnitt, die Haut abziehen. Tomaten halbieren und Kerne mit einem Löffel herauslösen.
3. Mit Mixer oder Pürierstab Tomaten, Olivenöl, Salz und Oregano zu einer glatten Masse verarbeiten.
4. Tomatensoße auf den beiden Pizzen verstreichen, dann wie auf Seite 80 angegeben backen.
5. Nach dem Backen zum Servieren nochmals mit etwas Olivenöl beträufeln.

VON **ANTICO FORNO ROSCIOLO**

Pizzette

In Rom kauft man Pizzette im Allgemeinen nach Gewicht in der Bäckerei. Auch sie sind ein beliebter Snack zum Aperitivo oder zum Drink in der Bar – runde Blätterteigscheiben mit Tomatensoße, stets ein Partyhit und auch von Kindern gern verputzt. Sie können beim Belag mit Varianten experimentieren, die klassische Version mit Tomatensoße jedoch ist bei den Römern so beliebt. Pizzette lassen sich im Voraus zubereiten und einfrieren.

Ergibt ca. 25 Stück

Teig
210 ml kaltes Wasser
2 TL Salz
2 TL feinster Zucker
350 g Mehl Type 812 sowie Mehl zum Bestäuben

Butterschichten zum Tourieren
150 g Mehl Type 812
250 g Butter, Zimmertemperatur, in kleine Stücke geschnitten

Tomatensoße
250 g Passata (passierte Tomaten)
2 EL Olivenöl nativ extra
1 Prise getrockneter Oregano
1 Prise Salz

1. Für den Teig das Wasser in eine kleine Schüssel füllen und Salz und Zucker einrühren, bis sie aufgelöst sind. Mehl in eine große Schüssel geben und in die Mitte eine Vertiefung drücken. Wassermischung ins Mehl gießen und mit einer Gabel gründlich von den Rändern her vermengen; dann mit den Händen zu einem Teig kneten (ist auch mit einem elektrischen Standmixer möglich; Knethaken verwenden). Teig auf eine bemehlte Fläche geben und leicht zu einem geschmeidigen, elastischen Teig kneten. Teigkugel mit Frischhaltefolie abdecken und 30 Minuten im Kühlschrank ruhen lassen.
2. Für die Butterschichten das Mehl in eine Schüssel sieben, Butter hinzufügen und verarbeiten, bis beide Zutaten vermischt sind. Zwischen 2 Blatt Backpapier pressen. Mindestens 30 Minuten im Kühlschrank ruhen lassen.
3. Den Hauptteig aus dem Kühlschrank nehmen, wenn er gekühlt ist, und auf einer bemehlten Fläche zu einem akkuraten, ca. 2 cm dicken Rechteck ausrollen. Nun die beiden kurzen Seiten nach innen falten, sodass sie in der Mitte aneinanderstoßen. Wieder mit Folie abdecken und in den Kühlschrank geben. Die Soße zubereiten.
4. Passata, Olivenöl, Oregano und Salz in einen Topf geben und erhitzen, bis es soeben anfängt zu kochen. Vom Herd nehmen, mit einem Pürierstab zu einer glatten Masse verarbeiten. Auf niedriger Stufe 15 Minuten kochen. Vom Herd nehmen und abkühlen lassen.
5. Den gefalteten Teig wieder auf die bemehlte Fläche legen und wiederum zu einem ca. 2 cm dicken Rechteck ausrollen. Die Buttermasse (noch immer zwischen den Backpapierbogen) so ausrollen, dass sie halb so groß ist wie die Teigplatte. Auf eine Hälfte des Teiges legen und die andere Hälfte darüber schlagen; Ränder zudrücken. Mit Frischhaltefolie abdecken und nochmals 30 Minuten in den Kühlschrank legen.
6. Teig wieder ausrollen und in der Mitte falten, nochmals ausrollen und falten und so weitere Schichten bilden (tourieren). So lange wiederholen, bis der Teig mindestens 5-mal gefaltet wurde. Wenn er zu warm wird, 10 Minuten in den Kühlschrank legen und erst danach weiterarbeiten.
7. Den Ofen auf 240 °C Ober-/Unterhitze (Umluft: 220 °C) vorheizen. Ein Backblech mit Backpapier auslegen.
8. Den Teig 1 cm dick ausrollen. Scheiben mit Ø6–7 cm ausschneiden und auf das Blech legen. In die Mitte mit Daumen oder Zeigefinger eine Vertiefung drücken und je 1 Löffel erkaltetes Tomatengemisch hineingeben.
9. Nun 12–15 Minuten backen oder bis das Gebäck aufgebläht und golden ist. Direkt aus dem Ofen genießen oder abkühlen lassen, denn kalt schmeckt es ebenfalls lecker. In Rom isst man sie im Allgemeinen kalt oder lauwarm.

VON **PAOLO TOCCHIO**

Porchetta

Langsam gebackener Schweinerollbraten

Als meine Mutter nach meinem Umzug zum ersten Mal nach Rom kam, traute sie ihren Augen kaum, als sie mich Porchetta essen sah. Sie hat mein ganzes Leben lang Porchetta gemacht, besonders zu speziellen Anlässen, und ich habe immer dankend abgelehnt. Jetzt bedaure ich, was mir entgangen ist, denn Porchetta ist wirklich fein. Porchetta ist gerolltes und gewürztes Schweinefleisch mit knuspriger Schwarte und macht, simpel ausgedrückt, einfach glücklich. Es wird in ganz Mittelitalien zubereitet und variiert ein wenig je nach Region. Die Regionen Lazio (Latium) und Abruzzo (Abruzzen) liegen zum Beispiel direkt nebeneinander, aber die einen machen Porchetta mit und die anderen ohne Knoblauch. Paolo Tocchio, Fleischer aus Borbona in der Provinz Rieti (Lazio), lässt mich dank meiner Freundin Sabrina Tocchio an seinem Rezept teilhaben, sie ist nämlich seine Cousine. Seit Generationen übt seine Familie das Fleischerhandwerk aus und im Winter zieht er sich zurück und produziert Würste, Guanciale, Pancetta und Prosciutto. Ich esse Porchetta sehr gern pur, aber auch auf die römische Art, also im Panino. Die Städter strömen regelmäßig zu den Castelli Romani und speziell nach Ariccia. Diese Stadt im Lazio (Latium) ist für ihre Porchetta berühmt, und auch für ihre Fraschetten, das sind zwanglose Restaurants, wo man herrlich Porchetta und Wein zusammen genießen kann.

Für bis zu 12 Portionen

Porchetta
2 EL Salz
4 Zweige Rosmarin, Nadeln abgezupft
10 Salbeiblätter
1 EL Fenchelkörner
500 g Schweinefilet
3,5 kg Schweinebauch

Für die Zubereitung
250 ml trockener Weißwein
250 ml Wasser
4 Zweige Rosmarin
1 EL Fenchelkörner

1. Für die Porchetta-Würzmischung Salz, Rosmarin, Salbei und Fenchelkörner in der Küchenmaschine miteinander mahlen.
2. Schweinebauch mit der Schwarte nach unten auf eine saubere Fläche legen und großzügig mit der Gewürzmischung bestreuen (es wird nicht alles aufgebraucht, den Rest zum Würzen von Fleisch oder Fisch aufbewahren).
3. Das Filet der Länge nach einschneiden (nicht ganz durchschneiden!), sodass man es wie Schmetterlingsflügel aufklappen kann. Eventuell den Metzger darum bitten. Filet auf den Schweinebauch legen und diesen dann mit dem Filet darin so fest wie möglich aufrollen. Mit Küchengarn in regelmäßigen Abständen zubinden. Die Schwarte über die gesamte Fläche mit einem Messer einstechen.
4. Porchetta in Alufolie einwickeln und über Nacht oder mindestens 6 Stunden im Kühlschrank ruhen lassen.
5. Den Ofen auf 220 °C Ober-/Unterhitze (Umluft: 200 °C) vorheizen. Wein, Wasser, Rosmarinzweige und Fenchelkörner in eine Ofenpfanne (oder eine Auflaufform) mit aufgesetztem Bratrost geben.
6. Porchetta in der Folie auf den Rost legen; so trägt die beim Backen verdampfende Flüssigkeit dazu bei, dass die Porchetta saftig bleibt.
7. Porchetta 1 Stunde backen, dann aus dem Ofen nehmen und Folie entfernen. Das Fleisch wieder in den Ofen stellen.
8. Die Ofentemperatur auf 200 °C Ober-/Unterhitze (Umluft: 180 °C) verringern und weitere 3 Stunden backen (pro kg Fleisch rechnet man mit 1 Stunde Backzeit). Sollte die Flüssigkeit ganz austrocknen, noch Wasser oder Wein zugießen. Das Fleisch alle 30 Minuten wenden, damit die Schwarte knusprig wird und schön kracht.
9. Aus dem Ofen nehmen und vor dem Aufschneiden ruhen lassen.

PANIFICIO
22
SPINGERE

Colomba
mele crema
e cannella

Brutti ma buoni

Kekse – »Hässlich, aber lecker«

Ich liebe den Namen dieser Kekse, weil er so wortsinnig und unverblümt ist: hässlich, aber lecker. Das kommt daher, dass sie tatsächlich köstlich schmecken und süchtig machen, aber nicht besonders schön anzusehen sind. Trotzdem präsentiert man sie in Konditoreien und Bäckereien in ganz Rom und dem Lazio (Latium). Es ist eine Art italienisches Baisergebäck, einfach zuzubereiten, außen kross und innen weich. Brutti ma buoni erinnern perfekt daran, nichts nach seinem äußeren Schein zu beurteilen.

Ergibt 25–30 Stück

100 g Haselnüsse ohne Schale
60 g blanchierte Mandeln
2 Eiweiß
Zitronensaft
140 g Puderzucker

1. Den Ofen auf 170 °C Ober-/Unterhitze (Umluft: 150 °C) vorheizen. Haselnüsse auf ein Backblech geben und 2–3 Minuten rösten. Abkühlen lassen, dann zusammen mit den Mandeln grob hacken oder im Mixer zerkleinern.
2. Mit einem Elektromixer Eiweiß mit einige Tropfen Zitronensaft verquirlen. Sobald das Eiweiß allmählich dick wird, nach und nach den Puderzucker hinzufügen und weiter verquirlen, bis ein fester Schaum entstanden ist und Spitzen stehen bleiben.
3. Mit einem Löffel behutsam Haselnüsse und Mandeln unterziehen. Achtung: Nicht die Luft aus dem Eiweiß schlagen.
4. Wenn Nüsse und Mandeln gleichmäßig verteilt sind, das Gemisch in einem Topf mit schwerem Boden auf mittlerer Stufe aufsetzen und mit einem Holzlöffel vorsichtig weiterrühren. Wenn das Gemisch beginnt, sich leicht von Boden und Seite des Topfes abzulösen oder dick zu werden, Topf vom Herd nehmen.
5. Mit 2 Esslöffeln Kugeln aus dem Gemisch formen und auf ein mit Backpapier ausgelegtes Backblech legen; zwischen ihnen ein wenig Platz lassen, damit sie etwas zerfließen können.
6. Bei 160 °C Ober-/Unterhitze (Umluft: 140 °C) 20 Minuten backen, dann abkühlen lassen. Die Biscotti schmecken ganz frisch am allerbesten, halten sich aber bis zu 1 Woche in einem luftdichten Behälter.

VON **TONI BRANCATISANO**

Crostata di Marmellata

Mürbeteigkuchen mit Marmelade

Eine Crostata ist ein Mürbeteigkuchen mit Marmelade nach italienischer Art. Italiener genießen ihn ab dem Frühstück zu jeder Tageszeit. Als ich diesen Kuchen meiner Freundin Toni aß, wusste ich, dass ich ihn hier aufnehmen musste. In Rom kann man in der Bäckerei ein Stück oder eine ganze Crostata kaufen und in der Trattoria steht sie gemeinhin auf der Dessertkarte. Großartig als Nachtisch, wenn man etwas Süßes mit Substanz kreieren möchte im Gegensatz zu den üppigen, cremigen Desserts. Toni sagt, es sei eine jener wirklich leichten Süßspeisen, die nicht viel Zeit (oder Können) erfordern, und es ist immer nett, eine in der Küche parat zu haben. Am besten passen dazu Tee, Kaffee oder ein gutes Vanille-Gelato.

Für 8 Portionen

250 g Mehl Type 00
100 g feinster Zucker
110 g Butter
1 Prise Salz
2–3 EL kaltes Wasser
500 g Marmelade

1. In der Küchenmaschine Mehl, Zucker, Butter und Salz verarbeiten, bis die Mischung aussieht wie Paniermehl.
2. Bei laufender Küchenmaschine das kalte Wasser hineingeben und weiterverarbeiten, bis das Gemisch große Klumpen bildet; die Maschine anhalten, bevor eine Kugel daraus wird.
3. Den Teig auf eine leicht bemehlte Fläche geben und behutsam kneten, sodass sich alles verbindet. Teig in 2 Teile teilen, wobei ein Teil größer ist.
4. Den größeren Teil zu einer Scheibe formen und mit Frischhaltefolie abdecken; dann den kleineren Teil zwischen 2 Bogen Backpapier ausrollen. Beide Teile mindestens 2 Stunden oder idealerweise über Nacht im Kühlschrank ruhen lassen.
5. Den Ofen auf 180 °C Ober-/Unterhitze (Umluft: 160 °C) vorheizen.
6. Die größere Teigscheibe aus dem Kühlschrank nehmen und so ausrollen, dass sie den Boden einer runden Tarteform (ø 22 cm) ausfüllt. Den Boden damit auslegen und überschüssigen Teig abschneiden. Den Kuchen mit einer Marmelade nach Wunsch füllen. Den kleiner ausgerollten Teig in Streifen schneiden und diese als Flechtgitter auf die Marmelade legen.
7. Den Kuchen 45 Minuten backen oder bis der Teig golden ist. Abkühlen lassen, dann mit einem scharfen Messer aufschneiden.

VON **TONI BRANCATISANO**

Crostata di Ricotta e Visciole

Mürbeteigkuchen mit Ricotta und Sauerkirschen

Dieser schlichte und süße Genuss, der Mürbeteigkuchen mit Ricotta und Traubenkirschen oder Sauerkirschen, hat seine Ursprünge in Roms jüdischem Ghetto, ist heute jedoch ein Star in den Trattorien der ganzen Stadt. Einer der besten Orte in Rom für eine Kostprobe ist die berühmte jüdische Bäckerei Boccione in der Via del Portico d'Ottavia: Es heißt, ihr Rezept sei das Original aus dem 18. Jahrhundert, als ein päpstliches Gesetz Juden den Handel mit Milchprodukten untersagte. Die Crostata bot den Bäckern einen Ausweg: Sie verbargen fortan Ricotta zwischen Kirsch- und Teigschichten.

Das Rezept der Bäckerei wurde mir nicht verraten, denn es hat ihre Räume nie verlassen. Doch Toni ehrt mit ihrer Version den Klassiker und bezeugt ihre eigenen herausragenden Backfertigkeiten. Sie ist eine Crostata-Queen, und ihr Kuchen ist genau so, wie er sein soll: mürbe Kruste, saftige Marmelade und ganz leicht gesüßter Ricotta.

Für 8–10 Portionen

1 Eigelb

1 EL Milch

Puderzucker zum Bestäuben

Teig

300 g Allzweckmehl sowie Mehl zum Bestäuben

150 g kalte Butter, in Stückchen

150 g Zucker

2 Eier plus 1 Eigelb

Schale von 1 Zitrone, abgerieben

Füllung

300 g Sauerkirschmarmelade

400 g Ricotta aus Schafsmilch

80 g Zucker

2 Eier

1 EL Sambuca

1. Für den Teig alle Zutaten in eine Küchenmaschine geben und zu einem Teig verarbeiten. Diesen auf eine leicht bemehlte Fläche geben, ein wenig kneten und zu einer flachen Scheibe formen. Sollte der Teig klebrig sein, etwas Mehl hinzugeben. Mit Frischhaltefolie abdecken und mindestens 30 Minuten in den Kühlschrank legen.
2. Den Ofen auf 170 °C Ober-/Unterhitze (Umluft: 150 °C) vorheizen.
3. Den Teig ausrollen und eine Tarteform (ø 24 cm) damit auslegen; den restlichen Teig für ein Gitter aufbewahren. Den Tarteboden mit einer Gabel einstechen. Teigränder noch nicht abschneiden.
4. Für die Füllung Kirschmarmelade in die Tarteform geben und gleichmäßig auf dem Teigboden verstreichen.
5. In einer Schüssel Ricotta, Zucker, Eier und Sambuca verrühren, bis alles gut vermischt ist. Die Ricottamasse vorsichtig auf die Marmelade geben.
6. Aufbewahrten Teig ausrollen, in gleichmäßige Streifen schneiden und diese gitterartig auf die Füllung legen. Enden der Teigstreifen in den Teigrand drücken, danach mit einem scharfen Messer überstehenden Teig abschneiden.
7. Eigelb und Milch leicht verquirlen und mit einem Backpinsel auf Teigstreifen und -rand auftragen.
8. Ca. 50 Minuten backen oder bis der Teig hellgolden und die Ricottamasse fest ist.
9. Aus dem Ofen nehmen, abkühlen lassen und vor dem Servieren mit Puderzucker bestreuen.

Anmerkung: Oft wird die Crostata mit frischen Sauerkirschen statt Marmelade zubereitet.

STEFANIA INNOCENTI

BISCOTTIFICIO INNOCENTI

»Beim Eintreten spüren sie unseren ausgeprägten Familiensinn und sie schmecken die Traditionen, die unverändert bleiben. Viele sagen daher, sie fühlen sich wie auf einer Zeitreise.«

Das Wort Biscottificio bedeutet wörtlich »Keksladen« oder Keksbäckerei, und während die Rolle des Keksbäckers in den letzten Jahrzehnten fast komplett in den Forno (Bäckerei) oder die Pasticceria (Konditorei) mit eingegangen ist, gibt es in Italien doch noch immer einige davon. Wenige aber sind in Rom so besonders wie das Biscottificio Innocenti in meinem Viertel, Trastevere.

In einer der malerischen Gassen, für die das Viertel berühmt ist, wird man vom Duft frisch gebackener Biscotti auf den rechten Weg gelockt, noch bevor man das Geschäft überhaupt sehen kann. Tritt man dann ein, so ist es ein Fest für die Augen und das innere Kind. Im Erscheinungsbild hat sich der Laden kein bisschen verändert, seit Stefania Innocentis Großvater ihn in den 1940er-Jahren eröffnete. Als Keksbäckerin in der dritten Generation sagt sie, diese Kunst stecke ihr im Blut.

»Backen ist für mich etwas Natürliches, denn ich backe schon immer. Wir verkaufen niemals ein Produkt, ohne dass wir es selbst zuvor kosten und mögen.«

Für Stefania ist der 16 Meter lange Ofen, den ihre Familie in den 1960er-Jahren gekauft hat, das Herz des Geschäfts. Immer kommen Bleche mit vielen verschiedenen Kekssorten heraus oder stapeln sich auf ihm; der Riesenofen ist der Mittelpunkt dieser Familientradition und mit ihm werden nach wie vor täglich über 60 Sorten Kekse und süßes Gebäck gebacken.

Im Zweiten Weltkrieg produzierte Stefanias Großvater Gebäck in großen Mengen als Verpflegung für die Soldaten. Ihre Eltern übernahmen die Bäckerei, und die Produktion veränderte sich allmählich, als sie verschiedene Zutaten hinzunahmen. Sie begannen, kleinere Mengen zu backen, aber neue Sorten einzuführen. Stefania erzählt, noch immer ehre man die traditionellen Rezepte, welche die Kundschaft schätzt und die ihr lieb sind, doch mit der Zeit kommen immer mehr neue Formen und Geschmacksrichtungen hinzu. Die Konstante aber ist, dass jeder Biscotto, jedes Gebäckstück und jeder Kuchen handgemacht sind. Zudem legen sie Wert darauf, nur die hochwertigsten Zutaten zu verwenden, und Konservierungsmittel kommen nie zum Einsatz.

Als ich zum ersten Mal über dieses Kleinod stolperte, traute ich meinen Augen kaum. Die Nostalgie, einen Generationen übergreifenden Betrieb zu sehen, zeichnet einem ein Lächeln ins Gesicht, selbst in einem Land wie Italien, wo solche Geschäfte keine Seltenheit sind. Erst recht, wenn die Biscotti so gut schmecken wie bei Stefania. Manchmal schaue ich aber dort vorbei und möchte gar nichts kaufen (nicht, dass sie mich je gehen ließe, ohne dass ich einen Keks koste oder sie mir eine Kleinigkeit für Zuhause mitgibt). Ich gehe kurz hinein, um Stefanias Warmherzigkeit zu spüren. Familie Innocenti gibt einem das Gefühl, man gehöre dazu. In der allerersten Zeit kannte sie meine Familie noch gar nicht, doch in dem Wissen, dass ich so weit weg von Zuhause lebte, erkundigte sie sich oft, ob ich von ihr gehört hätte und wie es ihr ging.

Gehe ich aber hinein, um Kekse zu erstehen, dann ist es immer Gebäck mit Schokoladenüberzug und irgendetwas mit Marmelade. Ihre Brutti ma buoni (»Hässlich, aber lecker«, Haselnuss-Kekse (Seite 91) sind ebenfalls göttlich. Stefania und ich plaudern ein wenig, sie verschönert mir den Tag mit ihrer Großherzigkeit und verpackt mein Gebäck im typischen Innocenti-Papier. Kunden spazieren herein – Einheimische und Touristen gleichermaßen –, und alle verlassen das Geschäft mit Gebäck in der Hand und einem Lächeln auf den Lippen.

Auf die Frage, was die Kunden am Biscottificio lieben, sagt Stefania: »Beim Eintreten spüren sie unseren ausgeprägten Familiensinn und sie schmecken die Traditionen, die unverändert bleiben. Viele sagen daher, sie fühlen sich wie auf einer Zeitreise.«

VON **VIVIANA GORI**

Ciambelline al Vino

Süßes Weingebäck

Ich habe meine schöne, in Rom geborene Freundin Viviana um das Rezept für diese einfachen und köstlichen Kringel gebeten. Diese Version des leichten, krossen und rustikalen Gebäcks enthält Kakao und hat daher eine süß-bittere Note. Wichtigste Zutat ist, wie der Name vermuten lässt, Wein; üblicherweise reicht man diese Kekse zu Rotwein und tunkt sie ein. Man trifft sie in ganz Rom an, besonders aber im ländlichen Lazio (Latium), in den 16 Gemeinden der Castelli Romani in den Albaner Bergen. Das traditionelle Gebäck von Bauern und Arbeiterklasse ist nicht teuer, einfach in der Zubereitung und hält sich in einem luftdichten Behälter tagelang.

Ergibt 30 Stück

500 g Allzweckmehl
2 TL Backpulver
150 g Zucker sowie Zucker für den Guss
1 Prise Salz
125 ml Sonnenblumenöl
125 ml Rotwein
2 EL ungesüßtes Kakaopulver
100 ml Sambuca

1. Den Ofen auf 180 °C Ober-/Unterhitze (Umluft: 160 °C) vorheizen.
2. Mehl, Backpulver, Zucker und Salz in einer großen Schüssel vermischen und in die Mitte eine Vertiefung drücken. Sonnenblumenöl, Wein, Kakao und Sambuca in die Mitte der Vertiefung geben. Vorsichtig mit einer Gabel verrühren und die trockenen Zutaten dabei zur Mitte der Vertiefung befördern.
3. Wenn alles vermischt ist, die Masse auf eine saubere, bemehlte Fläche geben und mit den Händen zu einem weichen, geschmeidigen und etwas klebrigen Teig verarbeiten.
4. Auf einer sauberen, aber nicht bemehlten Fläche arbeiten (sodass der Teig sich leicht zu »Schlangen« aufrollt) und den Teig in kleinere Stücke teilen. Diese zu 1 cm dicken Würstchen rollen.
5. Die Würstchen in 15–20 cm lange Stücke schneiden und daraus Ringe formen. Die Enden etwas zusammendrücken; nun haben sie die Form von Donuts.
6. Ober- oder Unterseite der Ringe in eine Schale mit extra Zucker drücken und auf ein mit Backpapier ausgelegtes Backblech legen.
7. Ringe 20 Minuten backen, dann aus dem Ofen nehmen, abkühlen lassen und in süßen Wein, Milch oder Tee stippen.

VON **TONI BRANCATISANO**

Mini-Panettone

Panettone ist Italiens Version des traditionellen englischen Weihnachtsfrüchtekuchens. In Australien war ich als Kind nie ein großer Fan von Panettone, denn die meisten sind dort industriell hergestellt und aus dem Laden. Aber als ich nach Italien zog, fiel mir auf, dass in der Weihnachtszeit viele Menschen ihr Panettone im Forno oder in der Pasticceria kauften. Ich konnte nun einen frisch gebackenen Panettone essen, und das hat mich schließlich davon überzeugt, dass es durchaus ein Genuss ist. Meine Freundin Toni backt diese supersüßen einzelnen Minis. Bestimmt werden Sie auch bei Ihnen zu Hause ein Highlight zu Weihnachten.

Ergibt ca. 12 Stück

200 g Sultaninen
125 ml Rum
3 TL Bierhefe
330 ml lauwarmes Wasser
60 g feinster Zucker
60 g brauner Zucker
700 g Mehl Type 00
3 Eier
175 g weiche Butter, geschmolzen (aber nicht heiß) sowie geschmolzene Butter für den Guss
Olivenöl zum Einfetten
Schale von 2 Orangen, fein abgerieben
110 g gemischte kandierte Schalen von Zitrusfrüchten, gehackt

1. Die Sultaninen 20–30 Minuten im Rum einweichen, dann abgießen und beiseitestellen. Rum für eine andere Verwendung aufbewahren.
2. Hefe, Wasser und beide Zuckersorten in einer Schüssel verrühren und 10 Minuten stehen lassen oder bis sich Schaum bildet.
3. Mit einem elektrischen Standmixer (mit Knethaken) Mehl und Eier miteinander vermengen. Das Hefegemisch langsam einarbeiten, bis sich ein Teig bildet. Bei laufendem Gerät langsam die geschmolzene Butter hineinlaufen lassen und weiterkneten, bis alles gut verarbeitet ist. Der Teig sollte geschmeidig, weich und einen Hauch klebrig sein. Wirkt er zu feucht, noch etwas Mehl hinzugeben.
4. Den Teig in eine große geölte Schüssel geben, mit einem sauberen, trockenen Geschirrtuch abdecken und an einem warmen Ort 1 Stunde gehen lassen oder bis er sein Volumen verdoppelt hat.
5. Mit der Faust auf den Teig klopfen, um die Luftblasen entweichen zu lassen. Rum-Sultaninen, abgeriebene Orangenschale und Zitrusfruchtschalen aufstreuen. Auf einer leicht bemehlten Arbeitsfläche die Früchte in den Teig kneten. 5–10 Minuten kneten und nach Bedarf noch Mehl hinzugeben, bis der Teig weich und formbar, aber nicht klebrig ist.
6. Teig zu einer weichen Kugel formen, dann in 10–12 gleich schwere Kugeln (je ca. 130 g) aufteilen und diese in Pannettone-Papierhüllen (ø 8 cm) auf ein Backblech legen. Locker mit Frischhaltefolie abdecken und nochmals 1 Stunde an einem warmen Ort gehen lassen.
7. In der Zwischenzeit den Ofen auf 200 °C Ober-/Unterhitze (Umluft: 180 °C) vorheizen.
8. Die Panettone 10 Minuten backen, dann die Temperatur auf 180 °C Ober-/Unterhitze (Umluft: 160 °C) verringern und nochmals 10 Minuten backen.
9. Die Hitze erneut verringern auf 160 °C Ober-/Unterhitze (Umluft: 140 °C) und weitere 20–30 Minuten backen oder bis die Oberseiten schön gebräunt sind und ein Zahnstocher beim Einstechen in ein Panettone sauber herauskommt.
10. Aus dem Ofen nehmen, die Oberseiten mit etwas geschmolzener Butter bestreichen und auf einem Kuchengitter abkühlen lassen.
11. Die Panettone schmecken frisch am leckersten, können aber bis zu 1 Woche in einem luftdichten Behälter aufbewahrt werden.

DIE NEUEN RÖMER
Neue Dining-Konzepte und Trends

Die kulinarische DNA Roms ist zwar von Geschichte und Tradition durchdrungen, doch Rom ist dennoch eine moderne Hauptstadt, die sich stetig mit neuen Konzepten und Einflüssen entwickelt. Sei es ein berühmter Koch, der regelmäßig die Geschmacksrichtungen und Techniken von seinen Reisen mitbringt, oder die jungen Römer, die mit innovativen Ideen einen Durchbruch versuchen, es gibt in der römischen Dining-Szene immer etwas Neues, und manche dieser Veränderungen schlagen sogar Wellen, die um die Welt gehen.

Der namhafte römische Pizzabäcker Stefano Callegari expandiert weiterhin seine Marke Trapizzino (die mittlerweile berühmte Gourmet-Pizzatasche) in die USA und nach Japan. Der Mixologe (Bartender) Patrick Pistolesi hat Drink Kong auf der Liste der 50 besten Bars positioniert, und Pioniere wie Pier Daniele Seu und Marco Radicioni haben die herkömmliche Pizza beziehungsweise das Gelato quasi auf den Kopf gestellt. Diese modernen Römer machen Schlagzeilen, verschieben Grenzen und setzen neue Trends.

KLASSIKER FÜR UNTERWEGS

Das Panino (belegtes Brötchen) war den Italienern noch nie fremd, doch die römische Landschaft hat begonnen, paninomäßig neue Wege zu beschreiten. Zu meinen Lieblingsständen auf dem Markt in Testaccio gehört Mordi e Vai (sinngemäß: »Beiß rein und tschüss«. Dieser Stand ist so erfolgreich, weil die Formel so simpel ist. Man wählt ein Gericht aus – von panierten Schnitzeln bis l'Allesso (saftiges gekochtes Fleisch) für die Braven, die ganze Palette römischer Innereien (Kutteln, Zunge und Coratella, also Herz, Lunge und Leber) für die Abenteuerlustigen. Das Panino wird dann damit gefüllt, wobei das Brot mit dem köstlichen, schmalzigen Öl getränkt ist, in dem die Gerichte zubereitet werden. Der Markt in Testaccio ist ein Feinschmeckerparadies geworden, Essensstände schießen überall aus dem Boden, doch die Panini bei Mordi e Vai lassen einem so sehr das Wasser im Mund zusammenlaufen, dass Sie gar nichts anderes mehr werden probieren wollen.

COCKTAILKULTUR: RÖMISCHE MIXOLOGIE UND SPEAKEASY

Das erste Speakeasy in der Barszene Roms öffnete 2010 seine Türen. Zuvor war man in Rom nie mit dieser Untergrund-Cocktailszene konfrontiert worden, welche die übrige Welt offenbar im Sturm erobert hat. Still und leise entstehen diese trendigen Bars überall in der Stadt, man findet sie in Metzgereien, Friseurläden und Autowerkstätten.

Das Jerry Thomas Project befindet sich in einem dunklen Gässchen, in dem keine anderen Bars oder Restaurants sind, gleich bei der Piazza Navona. Beim Gang durch die Straße käme man nie auf die Idee, dass sich eine der besten Cocktailbars von Rom dort befindet. Um hineinzukommen, muss man im Voraus buchen und an der Tür ein Losungswort nennen – laut Inhaber Alessandro Procoli werden keine Ausnahmen gemacht, für niemanden.

Er und sein Geschäftspartner Leonardo Leuci haben die Welt bereist und ausgiebige Forschungen betrieben, um dieses Projekt ins Leben zu rufen. Alessandro sagt, die Philosophie ihres Speakeasy sei, die Mixologie vergangener Zeiten abzubilden. »Hier in Rom haben wir das erste Speakeasy seiner Art in Italien ins Leben gerufen und wir sind noch immer Maßstab, Inspiration und Role Model für Bars und Mixologen in ganz Italien.«

Auch Patrick Pistolesi ist eine treibende Kraft hinter der Entwicklung von Roms Cocktailkultur. Halb Römer und halb Ire hat er über 20 Jahre als Bartender gearbeitet, auf der ganzen Welt zu Mixologie beraten und in Rom das Drink Kong eröffnet. Die Location besteht aus Neonlicht und dunklen Ecken, und die Cocktails – mit auf sie abgestimmten internationalen Häppchen – sind hervorragend.

Und wie in den meisten Städten hat sich auch in Rom das Genießen von Drinks zuletzt auf die Dächer verlagert. Zu den besten Stellen mit berauschender Aussicht gehören, um nur einige zu nennen, The Court, das wunderschöne Cielo Terrace auf dem luxuriösen Hotel de la Ville, Adele Mixology Lounge mit 360-Grad-Ansichten der römischen Skyline sowie Terrazza Borromini mit Piazza Navona aus der Vogelperspektive.

GOURMET-GELATO

Gelato ist in Italien eine ernste Sache. Und während viele Gelaterien der Stadt behaupten, sie produzierten selbst gemachtes, handwerklich hergestelltes Gelato, so ist das oft gar nicht wahr.

In den frühen Nullerjahren zog Maria Agnese Spagnuolo aus Puglia (Apulien) im Süden Italiens nach Rom, um ihre Theaterkarriere voranzutreiben. Als bei ihr Zöliakie diagnostiziert wurde, verabschiedete sie sich von der Welt der Kunst und begann, ihrer Leidenschaft aus Kindertagen zu frönen – Gelato! Daraus entstand Fatamorgana, heute mit vielen Locations in der ganzen Stadt.

Und ich rede hier nicht über irgendein Gelato. Das Gelato von Fatamorgana ist 100 Prozent natürlich, selbst hergestellt und glutenfrei (sogar die Waffelhörnchen). Das Eis ist komplett frei von künstlichen Farbstoffen oder Zusatzstoffen und auch laktosefreie und vegane Sorten sind erhältlich.

Die Geschmacksrichtungen, die es hier gibt, sind nicht gerade die, mit denen Italiener groß geworden sind. Zwar werden auch alle Klassiker hergestellt (Haselnuss, Pistazie, Zitrone ...), berühmt aber sind sie für einzigartige Geschmackskombinationen wie Kentucky Chocolate mit Takabaroma, Basilikum, Birne und Gorgonzola, Rosenblüten und schwarzer Reis, oder was auch immer gerade Saison hat. Maria Agnese sagt: »Das Geheimnis unseres Erfolgs ist unsere Fähigkeit, Qualitätsprodukte zu erkennen und auszuwählen, von diversen Mandel- und Pistaziensorten bis zu hochwertigen Früchten.«

Auch der in Rom geborene Marco Radicioni hatte seine berufliche Laufbahn anders begonnen, kam aber schließlich zu seiner berühmten Gelateria Otaleg. Der Name lässt sich leicht merken, denn es ist Gelato rückwärts buchstabiert. Und auch dies ist kein Zufall, sondern vielleicht die perfekte Beschreibung seines Konzepts, das da lautet, das Traditionelle auf den Kopf zu stellen!

Otaleg ging 2012 an den Start, doch Marco sagt, die Idee habe mindestens zehn Jahre gebrodelt. »Meine Vision kann als eine des Weglassens definiert werden. Arbeiten, indem man kontinuierlich alles Überflüssige weglässt. Also bleiben nur die feinsten Zutaten, kreative Gedanken und das Gefühl, das der Geschmack hinterlässt – ungeachtet der Zeit und der Kosten, die es für die Herstellung braucht.«

Deswegen ist das Gelato von Otaleg natürlich und bietet dem Verbraucher nur Erzeugnisse bester Qualität. Es ist absolut saisonal: Zu unterschiedlichen Zeiten im Jahr findet man Feigen, Himbeeren (mein absoluter Favorit), Kakis, Maronen und Kokos auf der Eiskarte. Doch auch abenteuerliche Angebote wie Couscous, Hühnerbrühe, Keks und Gorgonzola, Brie und Pfirsich sowie den römischen Klassiker Cacio e Pepe. Jede Idee, die Marco durch den Kopf geht – ob unkonventionell oder nicht –, landet normalerweise hier in einem Gelato-Topf.

»Gelato esse ich am liebsten. Es macht Freude und regt zum Nachdenken an. Und nicht vergessen: Nicht kauen! Was für eine Zeitverschwendung!«

PIZZA ESSEN GEHEN

Essen gehen? Ging es bei Pizza und Rom nicht immer schon genau darum? Weit gefehlt! In Rom geht es in der Pizzeria im Viertel normalerweise zu wie im Bienenkorb. Man setzt sich, bestellt, isst, geht wieder. Das Ganze geht schnell, schmeckt lecker, ist aber bestimmt kein langwieriges Genießen.

In einem Pizza-Restaurant dagegen liegt der Fokus auf den allerbesten und schmackhaftesten Zutaten, einer Wein- und Craftbeer-Karte und darauf, den Gästen eine Art Reise zu erschaffen, wie etwa das absolut angesagteste und beste der Stadt, das Seu Illuminati. Pier Daniele Seu hat so ziemlich jede Auszeichnung gewonnen, die es gibt, und seinen Ruf als einer der besten italienischen und römischen Pizzaioli in Stein gemeißelt.

Er und seine Frau Valeria Zuppardo verschieben gemeinsam und immer wieder Grenzen, und in jeder Saison ersinnen sie eine neue Speisekarte, um die Kundschaft neugierig zu halten. Sie werden solche Dinge wie Kakaopulver und Kaffee, Lakritz und Aperol-Spritz-Gelee auf ihren Pizzen entdecken und können diese Kreationen im Stil einer Verkostung (Degustazione) kennenlernen, gefolgt von einer Dessert-Pizza (in Italien unüblich).

Ein weiterer Hotspot am Stadtrand von Rom ist das 180 Grammi von Jacopo Mercuro. Ja, man kommt wegen der Pizzen her – dünn, knusprig, römischer Stil –, aber die Fritti (frittierte Vorspeisen) wie ihre eingetragene Marke Sampietrini (»Pflastersteine«, um Ihnen eine Vorstellung von der Form zu geben) sind mit Klassikern der Cucina romana gefüllt, zum Beispiel Coda alla Vaccinara (Ochsenschwanzeintopf römische Art) und Cacio e Pepe.

Die gesamte Pizza-Landschaft entwickelt sich stetig weiter, und eine ganze Schar von Gourmet-Pizzarestaurants macht die Stadt unsicher, zum Beispiel Sant'Isidoro Pizza & Bolle im Viertel Prati, wo es Pizza und – wie der Name sagt – Prickelndes gibt, sowie das Spiazzo in Ostiense, wo die Pizzastücke individuell belegt wie Kunstwerke auf den Teller kommen.

NEUE RÖMISCHE FEINSCHMECKER

An den Klassikern vorbeizugehen ist schwer. Was aber, wenn man die Klassiker zerlegt, ein wenig mit ihnen spielt, und sie geben einem dann dasselbe nostalgische Gefühl? Das finden Sie bei vielen Gerichten in Riccardo Di Giacintos Ristorante All'Oro, das verdientermaßen einen Michelin-Stern hat.

Seine witzige Variante von Coda alla Vaccinara kommt wie ein Schokoladen-Rocher daher – auf der Startseite des Internetauftritts zu sehen – und sein Riassunto di Carbonara ist eine Carbonara-Creme mit knusprigem Guanciale, serviert ganz buchstäblich in einer Eierschale. Es schmeckt exakt wie Carbonara, es erzeugt das Wohlgefühl einer Carbonara, aber es ist eine zeitgenössische Interpretation, und für mich ist das nicht nur in Ordnung, es ist hervorragend und beeindruckend. Es demonstriert ein sogar noch tieferes Wissen über die römische Küche, denn es verwandelt sie, ohne das Wesentliche zu verlieren. Für seine Maritozzi salati (herzhafte Maritozzi) gilt dasselbe. Ich bin geradezu süchtig nach ihnen. Normalerweise sind Maritozzi süß und mit frischer Sahne gefüllt. Riccardo präsentiert sie mit unterschiedlichen Füllungen, vom typischen Hähnchenfleischsalat über Burrata und Pomodorini bis zu einer Variante des piemontesischen Klassikers Vitello tonnato.

Das Pianostrada, komplett in Frauenhand, erfreut Rom nach wie vor mit einer stets sich wandelnden, saisonalen Karte. Genießen kann man die Speisen in ihrem Bistro im Vintagestil mit offener Küche oder im märchenhaft erleuchteten Garten. Die Köchin Paola hat ein wundervolles Talent für Aromen und Fusionen und achtet auf Qualität. In ihrer Version der berühmten Fiori di Zucca (gefüllte Zucchiniblüten) sind alle Blüten leicht in Tempura ausgebacken und mit Sardellen, Büffelmozzarella und der typischen Pianostrada-Zitronenschale geschichtet.

Und die Jungs hinter Roms zeitgenössischer Retrobottega, Alessandro Miocchi und Giuseppe Lo Iudice, haben die Welt der wild gesammelten Nahrungsmittel auf den römischen Tisch gebracht. Hier fließen minimalistisches Dekor, kleine Teller und Geschichten vom Lande zusammen und regen die Sinne an.

Frittierter Starter, Seu Illuminati

Dessert-Pizza, Seu Illuminati

Stefano Callegari's Trapizzino

Riccardo Di Giacinto, Ristorante All'Oro

BENEDICTVS XIV

PIAZZA R. XIII
DI S.EGIDIO

FORNO

IL MERCATO

Auf dem Markt geht es in Italien nicht allein darum, Essen einzukaufen. Es ist regelrecht ein kulturelles Erlebnis, das mit dem italienischen Way of Life verbunden ist. Hier baut man Beziehungen zu den Standbesitzern, Fischhändlern und Kassierern auf. Oft kennen sie die Menschen mit Namen, wissen, wo sie leben, und vor allem, was sie kochen.

Bei mir um die Ecke habe ich einen Markt. Der Frischmarkt auf der Piazza San Cosimato ist klein, hat aber alles von Obst und Gemüse über Käse und Salumi bis hin zu Meeresfrüchten und Fleisch. Auf jedem beliebigen Markt in Rom – egal, wie viele Obst- und Gemüsestände dort sind – haben die Einheimischen grundsätzlich »ihren« Fruttivendolo (Obst- und Gemüsehändler).

Meine Fruttivendoli sind Pietro und Concetta. Wenn ich an ihren Stand komme, macht mich nicht nur die herzliche Begrüßung froh, sondern auch ihre Geschichten und ihr Interesse an den meinen. Concetta sagt, sie sei praktisch auf dem Markt geboren, denn hier setzten bei ihrer Mutter die Wehen ein. Der Stand gehörte ihren Eltern, und kurz nachdem sie auf die Welt gekommen war, lag sie in ihrem Korb gleich bei den Obst- und Gemüsekisten – das Wissen, wie man bestes Obst und Gemüse auswählt, hat sie quasi mit der Muttermilch aufgesogen. In den kälteren Monaten sieht man Pietro oft beim Artischockenschälen; er demonstriert den Passanten immer gern, wie man sie richtig vorbereitet. Und dann sind da noch Emiliano und Daniele Gismondi am Stand Alimentari Settecento, die meine Salumi immer mit einem Lächeln aufschneiden.

Der Markt ist das Herz der italienischen Küche, denn die hiesige Ernährung baut auf der saisonalen Verfügbarkeit von Obst und Gemüse auf. Im Winter werden Sie keine Sommergemüse auf den Speisekarten finden, sogar im Supermarkt dürfte das schwierig sein. Artischocken beispielsweise – wichtigstes Gemüse in Rom – kann man außerhalb ihrer Saison in einer Trattoria lediglich als Importware bekommen. Das ist nicht sehr gebräuchlich, aber einige Restaurants mit Schwerpunkt Touristenbeköstigung wollen das ganze Jahr über römisches Essen präsentieren.

In Rom schaue ich nicht auf den Kalender, um Winter- oder Frühlingsbeginn im Blick zu haben, ich kann es anhand der Auswahl bei meinem Marktstand sagen, und zwar allein aufgrund der Farben. Die lebhaften Rot-, Gelb- und Rosatöne des Sommers machen allmählich Platz für die wärmeren Braun- und Orangetöne des Herbstes.

Ich weiß, dass der Winter so gut wie begonnen hat, wenn ich Puntarelle auf den Speisetafeln der Stadt sehe. Diese besondere Chicoréesorte (im Deutschen oft Vulkanspargel oder Spargelchicorée genannt) hat einen angenehm bitteren Geschmack und wird als köstlich knackiger Salat mit einem Dressing aus Olivenöl, Knoblauch, Essig und Sardellen zubereitet. Das esse ich zu gern, mir gefällt aber auch der Anblick von Eiswasser-Eimern auf dem Markt, in denen die dünn geschnittenen Puntarelle einweichen, damit sie sich kringeln.

Gehen Sie, wenn Sie in Rom sind, unbedingt auf einen der Frischwarenmärkte. Zu den Besten gehören (und sind von der Stadtmitte aus am einfachsten zu erreichen) die Märkte San Cosimato (Trastevere), Testaccio (Testaccio), San Giovanni di Dio (Monteverde) und Trionfale (Prati).

Ein Marktbesuch gehört zu den authentischsten Dingen, die man in der Stadt tun kann, und bietet einen wahren Einblick in das Leben vor Ort. Die Anblicke, Klänge und Gerüche werden Sie noch lange nach dem Ende Ihrer Romreise begleiten.

VON **ANGELO PREZIOSI**

Puntarelle

Der Winter steht in Rom vor der Tür, sobald Puntarelle auf den Speisetafeln in den Trattorien der Stadt erscheinen. Und wenn sie irgendwo nicht auf der Tafel stehen, so bekommt man in neun von zehn Fällen welche, wenn man danach fragt. In Rom isst man sie im Allgemeinen als Beilage. Angelos Rezept folgt dem klassischen Dressing für dieses knackige, leicht bittere Gemüse aus der Familie des Chicorée. In Rom kann man Puntarelle auf dem Markt oder im Supermarkt fix und fertig vorbereitet kaufen. Wer die Herausforderung liebt, schneidet sie hauchdünn mit dem Spezialutensil aus Holz, der Tagliapuntarelle, damit sie sich so aufrollen, wie es sein soll.

Außerhalb der Puntarelle-Saison oder wenn man keine bekommen kann, passt die Sardellen-Vinaigrette laut Angelo auch gut zu Feldsalat (der in Italien Valeriana oder Songino heißt) oder jungem Blattspinat.

Für 4 Portionen

500 g Puntarelle (Spargelchicorée oder Vulkanspargel), geputzt

90 ml Olivenöl nativ extra

2 EL Weißweinessig

2 Knoblauchzehen, fein gehackt

8 Sardellenfilets in Olivenöl

Salz (optional)

1. Bereitet man die Puntarelle selbst vor, Blätter entfernen und hellgrüne Stängel der Länge nach mit einem scharfen Messer oder der Tagliapuntarelle in Streifen schneiden. Die Streifen 5–10 Minuten in eiskaltes Wasser legen, bis sie sich aufrollen und knackig werden. Gründlich abtropfen lassen.
2. Für das Dressing Olivenöl in eine Schüssel gießen und Essig, Knoblauch und Sardellen hinzugeben. Mit einem Schneebesen oder einer Gabel verrühren, bis sich eine Emulsion gebildet hat; einige große Sardellenstücke ganz lassen. Kosten und falls nötig mit etwas Salz abschmecken.
3. Die abgetropften Puntarelle mit dem Dressing vermengen und sofort servieren.

VON **ANGELO PREZIOSI**

Cicoria ripassata

Sautierte Zichorien

Wenn man in Italien Fleisch oder Fisch bestellt, also einen Secondo (zweiter Gang), ist fast nie eine Beilage dabei. Die Beilagen, Contorni, bestellt man separat. Bei Ripassata in padella handelt es sich stets um Gemüse der Saison, normalerweise pfannengerührt mit Olivenöl, Knoblauch und einer Spur scharfem Chili. Wenn Sie keine Zichorien oder Löwenzahngrün bekommen, kann man auch Spinat oder Mangold nehmen. Dieses Rezept ist von Angelo. Er empfiehlt, die Reste am nächsten Tag im Sandwich zu essen!

Für 4 Portionen

1 kg wilde Zichorien, geputzt

60 ml Olivenöl nativ extra

1 Knoblauchzehe, in feinen Scheiben

2 rote Chilischoten, ohne Kerne, fein gehackt

1. In einem großen Topf Salzwasser zum Kochen bringen. Zichorien abspülen und in die Pfanne geben. 5 Minuten blanchieren und aufpassen, dass die Stängel fest bleiben.
2. Zichorien abgießen und unter kaltem Wasser abspülen, damit ihr leuchtendes Grün erhalten bleibt. Mit den Händen die Flüssigkeit ausdrücken.
3. Olivenöl in einer Bratpfanne erhitzen, das Olivenöl zusammen mit Knoblauch und Chili erhitzen.
4. Auf niedriger Stufe 2 Minuten behutsam braten, um das Öl zu aromatisieren.
5. Zichorien dazugeben und 5 Minuten braten, dabei gründlich vermengen und die Blätter mit dem Öl überziehen. Mit Salz würzen.
6. Heiß oder kalt servieren.

VON ANGELO PREZIOSI

Broccolo Romanesco

Romanesco-Brokkoli

Angelo meint, man kann diese beliebte Beilage auch als Grundlage für eines meiner liebsten Pastagerichte nehmen – mischen Sie die gekochte Pasta einfach mit dem Romanesco in einem Topf und geben Sie einen Spritzer Wasser oder Olivenöl dazu, damit sich etwas Soße bildet. Diese beliebte Zubereitungsart funktioniert auch mit vielen anderen Gemüse- und Blattgemüsesorten, zum Beispiel mit gewöhnlichem Brokkoli oder Blumenkohl.

Für 4 Portionen

1 Romanesco
Salz zum Kochen
60 ml Olivenöl nativ extra
2 Knoblauchzehen, fein geschnitten
1 rote Chilischote, ohne Kerne, gehackt
3 Sardellenfilets in Olivenöl

1. In einem großen Topf Salzwasser zum Kochen bringen. Romanesco in Röschen schneiden und ca. 10 Minuten kochen, bis er soeben weich wird.
2. In der Zwischenzeit das Olivenöl in einer Bratpfanne erhitzen, Knoblauch und Chili hineingeben und auf niedriger Stufe behutsam 2–3 Minuten braten, um das Öl zu aromatisieren. Darauf achten, dass der Knoblauch nicht anbrennt. Sardellen zufügen und weiterbraten, bis sie sich im Öl auflösen.
3. Romanesco abgießen und in die Pfanne geben, gut umrühren. 5 Minuten miteinander braten oder bis der Romanesco weich und mit dem aromatisierten Öl überzogen ist. Warm servieren.

PESCA

VON **GINA TRINGALI**

Carciofi alla Romana

Artischocken auf römische Art

Gina Tringali ist eine erfolgreiche italienisch-amerikanische Food-and-Travel-Autorin und lebt in Rom. Sie ist Miteigentümerin des Reiseveranstalters Casa Mia Italy Food & Wine. An diesem Rezept lässt sie mich teilhaben und sagt, in der entsprechenden Saison könne sie Romanesco-Artischocken oder Mammole (ähneln der Sorte Green Globe) jeden Tag essen. Diese rosa-grüne Sorte bekommt man in Rom von Februar bis Mai. Carciofi alla Romana sind frisch, einfach und gesund, gefüllt mit Knoblauch und Mentuccia (eine wilde römische Minze, oft kleinblütige Bergminze genannt) und mit Stängel nach oben behutsam gegart, bis sie duften und weich sind. Entscheidend ist bei diesem Gericht die gute Vorbereitung der Artischocken, so Gina. Die harten äußeren Blätter werden abgeschnitten und es bleibt eine rosenartige Blume. Denken Sie daran, dass Artischocken schnell oxidieren und braun werden können – lassen Sie sie daher im Zitronenwasser, bis sie gewürzt werden.

Für 4 Portionen

1 Zitrone

8 Romanesco- oder Gemüseartischocken (Green Globe)

1 kleines Bund wilde Minze oder Bergminze

3 Knoblauchzehen

Salz und schwarzer Pfeffer aus der Mühle

360 ml Wasser oder trockener Weißwein

3 EL Olivenöl nativ extra

1. Eine Schüssel mit Wasser füllen, Zitrone auspressen und Saft zugießen. Schale hinzufügen und umrühren.
2. Artischocken putzen: Das obere Viertel des Kopfes abschneiden und harte äußere Blätter entfernen. Von den Stielen 5–7 cm stehen lassen, den Rest abschneiden. Äußere Schicht der Stiele abschneiden und das Innere entfernen; mit einem Löffel das Heu herausnehmen. Sofort nach dem Säubern ins Zitronenwasser legen, damit sie nicht braun werden.
3. Minze und Knoblauch fein hacken und mit Salz und schwarzem Pfeffer würzen. Artischocken gut abtropfen lassen und in der Mitte mit dem Minzegemisch füllen.
4. Artischocken aufrecht und mit Stielansatz nach oben in einen Topf mit schwerem Boden stellen, der so breit ist, dass alle nebeneinander in einer einzigen Schicht hineinpassen. Wasser oder Wein zugießen und mit Olivenöl beträufeln.
5. Deckel auflegen und auf mittlerer bis niedriger Stufe ca. 1 Stunde kochen oder bis sie weich sind. Zur Garprobe einen Zahnstocher in einen Artischockenboden stechen.
6. Warm oder zimmerwarm servieren.

VON **LAURA RAVAIOLI**

Aliciotti con l'Indivia

Sardellen und Endivien aus dem Backofen

Die Geschichte berichtet, dass römische Juden im Ghetto dieses Gericht aus gebackenen frischen Sardellen und Endivien erdachten, als Reaktion auf ein Verbot aus dem 17. Jahrhundert, das Juden untersagte, dunkelfleischigen Fisch mit Salatblättern zu kombinieren. Römer essen unheimlich gern Sardellen, und in der römisch-jüdischen Küche sind sie besonders beliebt. Die berühmte römisch-jüdische Fernsehköchin Laura Ravaioli hat mich an diesem Rezept teilhaben lassen, und ich kenne es erst, seit ich in Rom lebe. Die Vorbereitung ist einfach, vor allem, wenn Sie Ihren Fischhändler bitten, die Sardellen für Sie auszunehmen und im Schmetterlingsschnitt aufzuschneiden.

Diese Zubereitung lässt sich sowohl als Hauptgericht wie auch als Vorspeise wunderbar gemeinsam essen. Die bittere Endiviennote und das leichte, feine Aroma frischer Sardellen gleichen einander perfekt aus.

Für 4–6 Portionen

1,5 kg krause Endivie
Salz
800 g frische Sardellen
100 ml Olivenöl nativ extra
schwarzer Pfeffer aus der Mühle
1 Knoblauchzehe, fein gehackt
1 kleines Bund Blattpetersilie, grob gehackt

1. Stängel und harte äußere Blätter der Endivien entfernen. Die weißen inneren Blätter unter fließendem Wasser abspülen. Mit einem sauberen Geschirrtuch trocken tupfen und grob hacken. Mit Salz bestreuen und einige Stunden in einem Sieb lassen, damit überschüssiges Wasser abtropft.
2. Den Ofen auf 180 °C Ober-/Unterhitze (Umluft: 160 °C) vorheizen.
3. Wenn die Sardellen gesäubert und filetiert werden müssen, zunächst den Kopf abschneiden und am Bauch der Länge nach aufschneiden; Filets am Rücken zusammenlassen. Gräten und Innereien entfernen und alle Sardellen wie Schmetterlinge aufklappen. Die gesäuberten Sardellen abspülen und auf Küchenpapier trocknen lassen.
4. Olivenöl ca. zur Hälfte in eine runde Back- oder Auflaufform (ø 24 cm, nicht zu schwer) füllen. Endivien zur Hälfte auf dem Boden der Form ausbreiten. Sardellen in einer gleichmäßigen Lage darauf anordnen, mit 1 Prise Salz und schwarzem Pfeffer würzen. Knoblauch und Petersilie darüberstreuen. Übrige Endivien auflegen und mit restlichem Olivenöl beträufeln.
5. Nun 40 Minuten backen. Zimmerwarm oder etwas wärmer servieren.

LEITFADEN FÜR DEN MARKTBESUCH

»Saisonal« bezieht sich in Italien nicht nur auf Obst und Gemüse, sondern auch auf Fisch und Meeresfrüchte. Allein aus dem Mittelmeer kommen fast 40 Arten, und während Fisch und Meeresfrüchte heutzutage im Allgemeinen ganzjährig erhältlich sind, sagen italienische Fischhändler, der Fisch habe im Stadium vor oder nach der Fortpflanzungszeit Saison. Sprechen Sie also mit Ihrem Fischhändler, damit Sie Ihren Fisch dann bekommen, wenn er am besten ist.

In den meisten Supermärkten kann man besonderes Obst und Gemüse ganzjährig bekommen, doch denken Sie beim Einkaufen an diesen Saison-Leitfaden. Die Produkte, die gerade Saison haben, werden auf Ihrem Teller ganz besonders hervorstechen.

Kauft man jedoch auf Märkten ein, erkennt man schon von Weitem, was gerade Saison hat. Das gefällt mir am besten daran: Man muss nur auf die Farben der Waren schauen, welche die Stände schmücken, um zu wissen, welche Jahreszeit ist. Das setzt sich wunderschön auf den Speisetafeln in den Straßen und Trattorien fort, wo die neusten Marktlieferungen in den Tagesgerichten erscheinen. Im Winter sind es Puntarelle, bewegen wir uns zum Frühling, sind es dicke Bohnen und Artischocken, im Sommer sehen wir Feigen und Auberginen, und der Herbst ist ein Fest für Pilzliebhaber. Aber ganz gleich, welche Gerichte gerade Saison haben, essen ist in Rom immer gut verbrachte Zeit!

WINTER

Gemüse: Artischocke, Rote Bete, Brokkoli, Rosenkohl, Kohl, Cardy (auch Gemüseartischocke), Karotte, Blumenkohl, Sellerie, Chicorée und Zichorie , Endivie, Fenchel, Topinambur, Lauch, Salat, Pilze, Zwiebel, Kartoffel, Radicchio, Rotkohl, Mangold, Spinat, Rübstiel, Speiserübe, Weißkohl

Obst und Nüsse: Mandel, Apfel, Klementine, Grapefruit, Zitrone, Mandarine, Orange, Birne, Kaki, Ananas, Granatapfel

Fisch: Kabeljau, Seehecht, Meerbarbe, Sardine, Wolfsbarsch, Seezunge

FRÜHLING

Gemüse: Artischocke, Spargel, Bohne, Rote Bete, Karotte, dicke Bohne, Brokkoli, Rosenkohl, Blumenkohl, Sellerie, Salatgurke, Löwenzahn, Endivie, Fenchel, Meerrettich, Lauch, Salat, Zwiebel, Erbse, Kartoffel, Radicchio, Radieschen, Rhabarber, Spinat, Frühlingszwiebel, Tomate, Speiserübe, Zucchini

Obst und Nüsse: Apfel, Aprikose, Blutorange, Kirsche, Grapefruit, Kiwi, Zitrone, Mispel, Mandarine, Orange, Pfirsich, Birne, Erdbeere

Fisch: Sardelle, Kabeljau, Seehecht, Makrele, Meerbarbe, Rotbarbe, Sardine, Seebarsch, Schnapper, Seezunge, Schwertfisch, Thunfisch

SOMMER

Gemüse: Spargel, Basilikum, Bohne, Rote Bete, Paprikaschote, dicke Bohne, Kohl, Karotte, Sellerie, Salatgurke, Aubergine, Salat, Zwiebel, Erbse, Kartoffel, Radieschen, Rucola, Mangold, Spinat, Tomate, Zucchini

Obst und Nüsse: Aprikose, Brombeere, Blaubeere, Cantaloupe-Melone, Kirsche, Feige, Pfirsich, Pflaume, Himbeere, Erdbeere, Wassermelone, Walderdbeere

Fisch: Sardelle, Brasse, Kabeljau, Seehecht, Makrele, Meeräsche, Rotbarbe, Sardine, Seebarsch, Schnapper, Seezunge, Schwertfisch, Thunfisch

HERBST

Gemüse: Bohne, Rote Bete, Paprikaschote, Brokkoli, Rosenkohl, Cardy (auch Gemüseartischocke), Karotte, Blumenkohl, Sellerie, Chicorée und Zichorien, Aubergine, Fenchel, Lauch, Salat, diverse Pilzsorten, Kartoffel, Kürbis (Winterkürbisse), Schalotten, Mangold, Spinat, Frühlingszwiebel, Tomate, Rübstiel, Zucchini

Obst und Nüsse: Cantaloupe-Melone, Marone, Feige, Traube, Haselnuss, Zitrone, Mandarine, Orange, Birne, Kaki, Granatapfel, Quitte, Walnuss

Fisch: Sardelle, Brasse, Kabeljau, Seehecht, Makrele, Meeräsche, Rotbarbe, Sardine, Seebarsch, Schnapper, Seezunge, Schwertfisch, Thunfisch

VON LAURA RAVAIOLI

La Concia

Frittierte marinierte Zucchini

Dieses einfach zubereitete und in der römisch-jüdischen Küche beliebte Gemüsegericht habe ich von Laura. Mit Leidenschaft macht sie die römisch-jüdische Küche in der ganzen Welt bekannt und hat sich damit eine wunderbare berufliche Karriere aufgebaut. La Concia, das sind im Wesentlichen frittierte Zucchini, in Essig mariniert und mit frischer Minze oder Basilikum serviert – absolut köstlich. Laura schneidet die Zucchini längs auf, oft aber werden Sie sie in Scheiben geschnitten sehen, entscheiden Sie selbst! Wie viele jüdische Speisen kann man La Concia einen oder zwei Tage später essen; traditionell wurde es im Voraus für den Verzehr am Sabbat zubereitet, wenn Juden nicht kochen oder arbeiten dürfen. La Concia ist typisch für das römisch-jüdische Ghetto und könnte aus Rom stammen, doch wahrscheinlich haben spanische Juden, die nach der spanischen Inquisition im späten 15. Jahrhundert nach Italien geflohen waren, es als Erste zubereitet. Es ähnelt den neapolitanischen Zucchini alla Scapece.

Für 6–8 Portionen

- 2 kg römische Zucchini oder gewöhnliche Zucchini (siehe Anmerkung)
- 50 ml koscherer Weinessig oder Weißweinessig
- 4 Knoblauchzehen, geschält
- 10 Basilikumblätter, grob gehackt
- Pflanzenöl zum Frittieren
- Salz zum Bestreuen
- 100 ml Olivenöl nativ extra

1. Spitze und Stielansatz der Zucchini abschneiden und Zucchini in 2–3 mm dicke Scheiben schneiden. Überschüssige Feuchtigkeit mit Papiertüchern abtupfen und auf einem sauberen Geschirrtuch über Nacht oder mindestens 12 Stunden trocknen lassen. In der Zwischenzeit den Essig in eine kleine Schüssel gießen, Knoblauch und Basilikum hinzugeben und über Nacht ziehen lassen.
2. Wenn es an die Zubereitung geht, in einem großen Topf mit schwerem Boden viel Pflanzenöl auf ca. 170 °C erhitzen (Kochthermometer). Die Zucchini portionsweise einige Minuten frittieren oder bis sie golden sind.
3. Mit einem Schöpflöffel abtropfen lassen und in Schichten in eine gläserne Auflaufform oder Schüssel legen; dabei jede Schicht mit Salz bestreuen.
4. Zucchini mit dem aromatisierten Essiggemisch übergießen, danach mit dem Olivenöl beträufeln. Abkühlen lassen, dann abdecken und in den Kühlschrank stellen; hin und wieder umrühren, damit die Zucchini die Aromen aufnehmen.
5. Am nächsten Tag kalt servieren.

Anmerkung: Römische Zucchini sind heller als die gewöhnliche Sorte, und in Rom haben sie beim Verkauf oft noch eine Blüte. Sie eignen sich sehr gut zum Frittieren, weil sie einen niedrigeren Wassergehalt haben und beim Frittieren nicht so wässrig werden. Außerhalb von Italien findet man sie nur schwer, doch auch mit gewöhnlichen Zucchini dürfte dieses Gericht sehr gut gelingen.

VON **PIERO DRAGO,** *GEKO* **(OLBIA) UND JACOPO RICCI,** *DOPO LAVORO RICREATIVO* **(FRASCATI)**

Torta di Patate e Broccoli Romani

Kartoffeln und Romanesco-Brokkoli aus der Pfanne

Von Piero Drago und Jacopo Ricci habe ich dieses Rezept für eine wirklich vielseitige Beilage, ein hervorragender Begleiter zu Fleisch oder Hauptgerichten aller Art und zugleich aber so gehaltvoll, dass es auch ein eigenständiges Mittag- oder Abendessen ergeben kann. Die beiden verwenden Romanesco, Sie können aber auch gewöhnlichen Brokkoli oder Blumenkohl nehmen.

Auch wenn das Gericht Torta heißt, ist es natürlich kein »Kuchen«. Torta ist ein italienischer Begriff für alles, was in Form gebracht wurde oder eine Form hat. Im Prinzip handelt es sich um eine Art Auflauf oder kompaktes Pfannengericht. Dank Knoblauch und Chili ist es schön würzig. Zum Verfeinern ist ein gehöriger Schuss gutes Olivenöl nativ extra am besten.

Für 4 Portionen

2 große festkochende Kartoffeln

Salz

1 Romanesco

60 ml Olivenöl nativ extra

1 rote Chilischote, ohne Kerne und fein gehackt

1 Knoblauchzehe, fein gehackt

schwarzer Pfeffer aus der Mühle

1. Kartoffeln mit Schale in einem Topf mit Salzwasser ca. 30 Minuten kochen oder bis sie weich sind. Abgießen und sobald sie genügend abgekühlt sind, pellen und in große Stücke schneiden.
2. Während die Kartoffeln kochen, den Romanesco in kleine Röschen schneiden und in kochendem Salzwasser ca. 10 Minuten kochen oder bis er weich ist. Abgießen und beiseitestellen.
3. In einer großen Pfanne das Olivenöl erwärmen und Chili und Knoblauch 2–3 Minuten auf mittlerer Stufe behutsam anbraten.
4. Kartoffeln und Romanesco hinzugeben und mit Salz und Pfeffer würzen. Das Gemüse mit einer großen Gabel fest zu einem groben und stückigen Püree andrücken. 5–6 Minuten braten oder bis die Unterseite golden und das Gemisch kompakt ist.
5. Die Torta vorsichtig wenden und wiederum 5–6 Minuten braten, damit die andere Seite auch etwas braun wird.
6. Heiß oder kalt servieren.

OSTARIA ROMANESCA
Setzu Lu

NORCINERIA
VIOLA 1890
PANINI ESPRESSI
Setzu Luigi
Setzu Luigi

VON **TONI BRANCATISANO**

Pomodori col Riso

Backofen-Tomaten mit Reisfüllung

Wenn ich an meine Freundin Toni denke, kommt mir sofort Comfort Food in den Sinn. Sie ist eine der besten Köchinnen, die ich kenne. Sie ist immerzu in ihrer Küche zugange, und ihre Fotos machen mir Appetit sogar auf Dinge, die ich normalerweise nicht mag – wie Pomodori col Riso (Tomaten mit Reis) oder Pomodori ripieni (gefüllte Tomaten). Ich bin nicht so sehr für Tomaten (besonders rohe), aber als Toni dieses Gericht für mich zubereitet hat, konnte ich nicht widerstehen: weich und golden gebackene Tomaten, die als kleine Töpfchen dienen und in denen der Reis ganz perfekt gegart wird.

Diese Tomaten sind auch deswegen genial, weil man sie im Voraus zubereiten kann.

Für 4–6 Portionen als Appetizer

6 große reife Tomaten
Salz und schwarzer Pfeffer aus der Mühle
10 Basilikumblätter, fein gehackt
1 Knoblauchzehe, geschält
60 ml Olivenöl nativ extra sowie Öl zum Beträufeln
200 g Arborio-Reis
5–6 große, mehligkochende Kartoffeln/Backofenkartoffeln

1. Die Oberseiten der Tomaten abschneiden und darauf achten, dass noch genügend Platz zum Befüllen mit Reis bleibt. Die »Deckel« aufbewahren. Mit einem Löffel das Fruchtfleisch aus den Tomaten lösen und in eine Schüssel geben; den Saft auch auffangen. Die ausgehöhlten Tomaten beiseitestellen.
2. Fruchtfleisch in der Küchenmaschine pürieren und mit Salz und schwarzem Pfeffer würzen. Basilikum und Knoblauchzehe sowie die Hälfte des Olivenöls hineinrühren.
3. Den ungekochten Reis unter fließendem Wasser abspülen, ins pürierte Fruchtfleisch rühren und 1–1 ½ Stunden beiseitestellen, damit er sich vollsaugt.
4. Den Ofen auf 180 °C Ober-/Unterhitze (Umluft: 160 °C) vorheizen.
5. Kartoffeln schälen und in gleichgroße Spalten schneiden. In eine Schüssel geben, das restliche Öl hinzufügen und vermengen, damit sie gut überzogen sind.
6. Ausgehöhlte Tomaten auf ein Blech setzen und mit etwas zusätzlichem Olivenöl beträufeln. Die ganze Knoblauchzehe aus dem Reisgemisch nehmen, dann den Reis bis zum Rand in die Tomaten füllen. Die Deckel mit Olivenöl einpinseln und wieder auf die Tomaten setzen.
7. Kartoffeln um die Tomaten herum ebenfalls auf dem Backblech anordnen und 1 Stunde backen (bei Bedarf bis maximal 1 Stunde und 20 Minuten), bis der Reis al dente ist.
8. Heiß oder lauwarm servieren. Schmeckt auch kalt an einem heißen Sommertag köstlich.

VON ANGELO PREZIOSI

Alici fritte con Pecorino

Frittierte Sardellen mit Pecorino

Als ich Angelos frittierte Sardellen mit Pecorino zum ersten Mal aß, dachte ich, ich wäre gestorben und sei im Himmel. Sie waren perfekt frittiert – mit Suchtpotenzial. Ich konnte gar nicht aufhören! Angelo erzählt, sein verstorbener Vater habe immer Pasta mit frischen Sardellen und Pecorino gekocht, wieder eine sehr unübliche Kombination im Anti-Fisch-plus-Käse-Land Italien. Als Angelo begann, in Restaurants zu arbeiten, machte er sich daran, mit denselben Aromen zu experimentieren. Er frittierte die Sardellen und bestreute sie mit Pecorino. Meiner Meinung nach sind sie besonders gut, weil ich, wenn ich sie esse, die Liebe zwischen Vater und Sohn spüren kann!

Sofort verzehren, wenn sie aus der Pfanne kommen.

Für 4 Portionen

800 g frische Sardellen (ca. 10–15 pro Person)

200 g Allzweckmehl

Pflanzenöl zum Frittieren

100 g Pecorino Romano, fein gerieben

1 kleines Bund Blattpetersilie, fein gehackt

1. Die Köpfe der Sardellen ab- und die Bäuche an der Unterseite aufschneiden; die Fischlein ausnehmen. Unter kaltem fließenden Wasser abspülen und auf ein sauberes Geschirrtuch legen; mit Papiertüchern trocken tupfen.
2. Mehl auf einen großen Teller geben und alle Sardellen einzeln leicht bemehlen.
3. In der Zwischenzeit in einem großen Topf mit schwerem Boden viel Pflanzenöl erhitzen, bis es kocht, ca. 170 °C (Kochthermometer).
4. In mehreren Portionen die Sardellen 3–4 Minuten frittieren oder bis sie gerade golden werden. Mit einem Schöpflöffel im Öl umrühren, damit sie eine gleichmäßige Farbe bekommen.
5. Auf Papiertüchern abtropfen lassen. In eine große Schüssel geben, mit Pecorino und Petersilie bestreuen und sofort servieren.

VON **OSTERIA DER BELLI**

Carpaccio di Spigola

Carpaccio vom Wolfsbarsch

Erst als ich in Italien lebte, erfuhr ich von der langen italienischen Tradition der Crudi (rohe Meeresfrüchte). Früher kehrten Fischer von den weitläufigen italienischen Küsten ans Festland zurück und verzehrten ihren Fang frisch. Italienische Crudi sind anders als Sashimi und roher Fisch in der japanischen Küche, denn sie werden zumeist mit Zitrone oder einem anderen Zitrussaft und extra nativem Olivenöl sowie Salz und Pfeffer serviert.

Dieses Carpaccio vom Wolfsbarsch ist in der Osteria der Belli in Trastevere stets der Auftakt für mich. Zitrone, Öl und Salz sind perfekt ausgewogen, und der Fisch zergeht einem im Mund. Beim Carpaccio ist es absolut entscheidend, dass Sie die frischeste und hochwertigste Sorte kaufen.

Am einfachsten ist die Zubereitung dieses Gerichts, wenn Sie den Wolfsbarsch beim Fischhändler schon filetiert und in dünne Scheiben geschnitten erwerben. Sie können es vor dem Mittag- oder Abendessen zubereiten, müssen aber wissen, dass es keine Speise ist, die sich lange hält.

Für 4 Portionen

600 g Wolfsbarschfilet oder 1 kg ganzer Wolfsbarsch

100 ml hochwertiges Olivenöl nativ extra sowie Öl zum Beträufeln

Saft von 2 Zitronen

Salz und schwarzer Pfeffer aus der Mühle

1 kleine Handvoll Rucola

1. Wird ein ganzer Wolfsbarsch verwendet, den Fisch schuppen und mit einem scharfen Messer die beiden Filets herausschneiden; das Rückgrat dient dabei als Leitlinie. Vorsichtig die Haut entfernen, Filets unversehrt lassen. Abspülen und Gräten mit einer Küchenpinzette entfernen.
2. Filets waagerecht in dünne Scheiben schneiden. Dafür das Messer parallel zur Arbeitsfläche führen.
3. Für das Dressing Olivenöl und Zitronensaft in einer kleinen Schüssel zu einer Emulsion verquirlen. Mit Salz und schwarzem Pfeffer abschmecken.
4. Mit dem Löffel etwas Dressing auf einen Teller oder eine flache Schale geben und die Fischfilet-Scheiben darauf ausbreiten. Mit dem restlichen Dressing beträufeln und mit Rucola bestreuen.
5. Abdecken und im Kühlschrank mindestens 3 Stunden ruhen lassen.
6. Nochmals mit etwas Öl beträufeln, mit Salz und Pfeffer bestreuen und servieren.

CRISTINA BOWERMAN

BESITZERIN UND MICHELIN-STERNEKÖCHIN
DER GLASS HOSTARIA

»Traditionen müssen geschützt werden, man muss sie aber auch wie etwas behandeln, das man pflegen kann, womit man spielen kann. Wenn sie sich nicht mit uns weiterentwickeln, sterben sie.«

2011 erfuhr ich von Roms einziger Michelin-Sterneköchin Cristina Bowerman. Ich war gerade nach Rom gezogen und wohnte im Vicolo del Cinque in Trastevere, gleich bei ihrem Restaurant Glass Hostaria. In einer Gegend mit sehr vielen Bars und Trattorien fiel dieses Lokal auf. Mit dem stimmungsvollen, modernen Interieur erinnerte es mich an Melbourne oder New York.

Kurz darauf nahm ich an einer kulturellen Veranstaltung teil, die mit einem privaten Mittagessen im Glass ausklang. Der Rest ist Geschichte, wie man so schön sagt. Es ist seither mein bevorzugtes Restaurant in Rom, wenn ich fein ausgehe, und ich habe viele Freunde und Verwandte dazu gebracht, das Erlebnis Bowerman zu genießen – kosmopolitisch, unverwechselbar, inspirierend und vor allem hochgradig lecker. Cristina ist eindeutig für dieses Leben geboren, sie hat allerdings eine Weile gebraucht, um zu erkennen, dass Essen ihre Leidenschaft ist.

Sie ist in der süditalienischen Region Puglia (Apulien) in Cerignola geboren und träumte immer von Erlebnissen und Reisen im größeren Stil. Ihre Eltern schickten sie auf eine internationale Schule, und sie wurde Anwältin. Doch eine Amerikareise im Alter von 26 Jahren veränderte ihr Leben für immer.

»Nach drei Tagen in den USA rief ich meine Eltern aus New York an und sagte: Ich komme nicht wieder.« Da sie einen Grund zum Bleiben brauchte, schrieb sie sich an der Universität von San Francisco ein, um ihren Master of Law zu erwerben. Sie begeisterte sich für die amerikanische Kultur und stürzte sich in das dortige Leben. Dies wurde das Fundament für den internationalen und weltoffenen Ansatz, mit dem sie auch heute ihren Beruf ausübt.

Sie interessierte sich immer stärker für Essen und begann mit Gelegenheitsjobs in Restaurants. Sie ergatterte einen lukrativen Arbeitsaufenthalt bei einem amerikanischen Konsortium für Spitzenrestaurants, wo sie zum ersten Mal neue Erfahrungen mit feiner Esskultur und der Welt des Restaurantmanagements in Berührung kam (vom Design übers Marketing bis hin zur Gästebetreuung). Dies entfachte ihre Kreativität, und so nahm sie in Austin (Texas) eine Stelle als Grafikdesignerin an. Hier nun wurde das Hobby Kochen zu ihrem Beruf.

»In Austin wimmelt es von Foodies. Ich bin Italienerin, daher wollten meine Freunde immer, dass ich koche. Ich betrachtete das als Witz ... einfach ein bisschen Spaß. Doch dann merkte ich, dass es wohl mehr war.« Um ihre Fertigkeiten auszubauen, erwarb sie an der Universität von Austin einen Abschluss in Culinary Arts (ein Programm der berühmten Pariser Kochschule Le Cordon Bleu). Schließlich kehrte sie mit dem Plan nach Italien zurück, italienische Kocherfahrung zu sammeln, in die USA zurückzugehen und dort ein Restaurant zu eröffnen. Doch wie sich herausstellte, hatte das Schicksal etwas anderes mit ihr vor.

Unterhält man sich mit ihr in ihrer Wahlheimat Rom, kann man kaum glauben, dass eine Person, die in der italienischen Diningszene quasi Prominentenstatus hat, so bescheiden und liebenswürdig ist. Als sie fürs Glass im Jahr 2009 ihren ersten Michelin-Stern erhielt, war sie in jenem Jahr die einzige Frau. »Wahnsinn, wie ein Stern das eigene Leben verändern kann. Ganz umfassend, wie man wahrgenommen und prüfend beobachtet wird, unter Druck steht.«

Beim Bummel über den Frischwarenmarkt in Roms Arbeiterviertel Testaccio ist offensichtlich, dass die Standbetreiber sie lieben und respektieren. Sie sagt über diesen Markt: »Ich bekomme hier nicht nur viele meiner Waren, sondern auch viele Ideen.«

Mit ihren Gastro-Unternehmen in Rom (darunter ein cooles Pop-up-Outlet bei der italienischen Lebensmittelkette Eataly) ist sie stetig innovativ aktiv und verschiebt kulinarische Grenzen, in einem Land, das von Traditionen durchdrungen ist. Doch sie sagt, trotz des starken Traditionsbewusstseins gebe es in Rom noch Raum für Innovatives. »Traditionen müssen geschützt werden, man muss sie aber auch wie etwas behandeln, das man pflegen kann, womit man spielen kann. Wenn sie sich nicht mit uns weiterentwickeln, sterben sie.«

Seit 2016 ist sie Präsidentin der Associazione Italiana Ambasciatori del Gusto und tut sehr viel dafür, das Label Made in Italy des einheimischen Lebensmittelsektors in der Welt zu promoten.

Cristina ermutigt die Leute in ihrem Team, zu reisen, die eigene Komfortzone zu verlassen und Auslandsaufenthalte zu erwägen. »Nur wenn man unterschiedliche Kulturen und Lebensweisen erlebt, kann man den eigenen Platz im Leben wirklich verstehen und die eigene Berufung finden.«

VON **OSTERIA DER BELLI**

Spaghetti alle Vongole

Spaghetti mit Venusmuscheln

Spaghetti alle Vongole steht bei mir für den italienischen Sommer. Nichts macht mich glücklicher als ein Teller dieses Gerichts, am Strand genossen. Als ich den Besitzer meiner Lieblings-Fischosteria in Trastevere, Leo, nach seinem Rezept für Spaghetti alle Vongole fragte, war er überrascht. Er dachte, ich würde ihn nach etwas Elaborierterem fragen, etwas mit einem »richtigen« Rezept. Dies ist die Bescheidenheit und Schlichtheit der italienischen Küche, denn Spaghetti alle Vongole ist nicht überall gleich, und meiner Meinung nach schmeckt Leos Variante ganz besonders gut.

Gerichte wie dieses, die jemandem einfach vorkommen, der sie das ganze Leben lang gegessen oder gekocht hat, verlangen von Anfängern etwas Übung. Ich mag diese Version in der Osteria der Belli zu gern, denn ihre Chilinote ist perfekt und sie enthält viele Muscheln.

Denken Sie daran, die Muscheln gründlich zu putzen, und haben Sie immer genug Brot da, um am Schluss die herrliche Soße aufzuwischen.

Für 4 Portionen

- 1 kg Venusmuscheln (Vongole)
- 500 g Spaghetti
- 60 ml Olivenöl nativ extra
- 125 ml trockener Weißwein
- 2 Knoblauchzehen, fein gehackt
- 2 rote Chilischoten, ohne Kerne, gehackt
- 1 kleines Bund Blattpetersilie, gehackt

1. Die Muscheln unter kaltem Wasser abspülen und alle beschädigten oder offenen Muscheln entsorgen.
2. In einem großen Topf Salzwasser zum Kochen bringen. Pasta hineingeben und gemäß Packungsangabe kochen.
3. Währenddessen die Hälfte des Olivenöls in einer großen Bratpfanne mit Deckel erhitzen. Muscheln sowie Wein hineingeben. Deckel auflegen und auf hoher Stufe ca. 1 Minute kochen, bis die Muscheln sich öffnen und die Flüssigkeit austritt.
4. Muscheln mit einem Schöpflöffel aus der Pfanne nehmen und alle entsorgen, die sich nicht geöffnet haben. Beiseitestellen. Flüssigkeit aus der Pfanne durch ein feines Sieb gießen und beiseitestellen.
5. Das restliche Olivenöl in derselben Pfanne erhitzen und Knoblauch und Chili hineingeben. Auf niedriger Stufe 2–3 Minuten anbraten, um das Öl behutsam zu aromatisieren, ohne dass der Knoblauch anbrennt.
6. Durchgeseihte Muschelflüssigkeit und die Hälfte der Petersilie hinzugeben, dann die Hitze erhöhen und 1 Minute einkochen lassen, bis die Soße fast cremig wird.
7. Die gekochten Muscheln hinzugeben und 30 Sekunden kochen. Die abgegossenen Spaghetti hinzufügen. Gründlich vermengen, um die Pasta mit der Soße zu überziehen und die Muscheln gleichmäßig zu verteilen.
8. Mit der restlichen Petersilie bestreuen und servieren.

VON **FEDERICO DELMONTE, RISTORANTE ACCIUGA**

Pesce in Guazzetto

Fischeintopf

Federico Delmonte ist ein begnadeter Koch aus der italienischen Region Le Marche (Marken), und die Gerichte, die er in seinem exklusiven und stylishen Restaurant Acciuga im römischen Bezirk Prati erschafft, sind sehr fein im Geschmack. Auch dieses Rezept – Fischfilets in Tomaten-Weißwein-Soße –, und zwar insofern, als er nicht zu viel mit Kräutern experimentiert, sondern einfach genau die richtige Menge hineingibt, um es schlicht zu halten.

Guazzetto ist gar nicht so leicht zu beschreiben. Es hat viel Flüssigkeit (daher empfiehlt der Koch, frisch geröstetes Brot dazu zu reichen), ist aber eigentlich keine Suppe. Wenn Sie keinen Drachenkopf finden können, sind alle fleischigen Fischsorten wie Seeteufel, Schnapper, Brasse, Schwertfisch oder Meeräsche eine gute Alternative.

Für 4 Portionen

Fisch

6 × 150 g Drachenkopf oder 800 g Fischfilets

3 Zweige Oregano

50 ml trockener Weißwein

75 ml Olivenöl nativ extra

Salz und schwarzer Pfeffer aus der Mühle

500 g Tomaten

1 Knoblauchzehe, zerdrückt

Crostini

12 Scheiben rustikales Weißbrot

1 Knoblauchzehe, geschält

Olivenöl nativ extra

1 kleines Bund Blattpetersilie, grob gehackt

1. Den Drachenkopf filetieren – oder im Fischgeschäft filetieren lassen – und die Filets mit Oregano in eine Schüssel geben. Mit Wein und 2 EL Olivenöl übergießen. Mit Salz und schwarzem Pfeffer würzen. Vorsichtig mischen und beiseitestellen.
2. Tomaten häuten; dafür an der Unterseite jeweils kreuzweise einschneiden; in eine hitzebeständige Form geben und mit kochendem Wasser bedecken. 30 Sekunden stehen lassen, dann in eine Schüssel mit kaltem Wasser geben und die Haut, beginnend am Kreuzeinschnitt, abziehen. Tomaten halbieren und mit einem Löffel die Kerne entfernen. Tomaten zerkleinern und beiseitestellen.
3. Das restliche Öl in einer Bratpfanne mit dem Knoblauch 1 Minute behutsam erhitzen. Zerkleinerte Tomaten sowie etwas Salz und Pfeffer dazugeben und auf mittlerer Stufe 4–5 Minuten kochen. Fischfilets mit der Marinade hinzugeben. Deckel auflegen und auf mittlerer bis niedriger Stufe weitere 10 Minuten kochen.
4. In der Zwischenzeit die Crostini zubereiten. Brot rösten, mit der Knoblauchzehe einreiben, mit Olivenöl beträufeln und mit Salz und Petersilie bestreuen.
5. Den Fischeintopf in Schalen servieren, zum Aufsaugen der Soße die Crostini dazu reichen.

Nolano
ANNURCHE CAMPANIA
2.50
€ 5,50
Le Primi

PREMIUM BANANAS

LA PIZZERIA

Napoli (Neapel) mag Italiens Pizza-Hauptstadt sein, aber ehrlich gesagt, ist das den Römern schnuppe. Sie sind extrem stolz auf ihre geliebte Pizza romana und bewahren sie. Sie unterscheidet sich von der neapolitanischen Pizza durch anderes Mehl, andere Backtriebmittel und einen anderen Fermentierungsprozess, und sogar das Öl ist anders. Bei einer neapolitanischen Pizza ist die Kruste beziehungsweise der Rand dicker, während die Pizza romana papierdünn und an den Rändern soeben angekohlt ist. Ich habe in vielen Pizzerien Roms mit Freunden von außerhalb gesessen, die anmerkten, ihre Pizza sei »verbrannt«. In Rom aber gilt, je verbrannter, umso besser!

Römer grenzen ihre Pizza von allen anderen Pizzen ab und nennen sie Pizza romana oder in römischem Dialekt la Scrocchiarella, und damit ist wörtlich die Knusprigkeit gemeint.

Wie überall in Italien wird die Pizza in Rom am Stück auf einem Teller serviert. Selten ist sie geschnitten, das muss man selbst machen! Ist von Pizza romana die Rede, so ist die runde Sorte gemeint (Pizza tonda).

Auf einer klassischen römischen Pizza werden Sie nie mehr als zwei, drei Beläge finden, und die Karte ist normalerweise aufgeteilt in Pizze rosse (rote) oder Pizze bianche (weiße), also mit und ohne Tomatensoße. Römer essen im Allgemeinen am Abend Pizza und deswegen öffnen viele historische Pizzerien, oder die im Viertel, erst abends.

Außerdem findet man in Rom noch die Pizza al Taglio (portionsweise abgeschnitten) und die Pinsere (längliche Form).

Die geschnittenen Pizzastücke werden nach Gewicht bezahlt, und mittlerweile gibt es in Rom viele Pizzastände, die mit weniger traditionellen Zutaten liebäugeln. Am Pizza-al-Taglio-Stand sucht man sich eine Pizza aus, und der Verkäufer schneidet eine Portion in der gewünschten Größe zurecht, wiegt sie und wärmt sie auf. Dann wird sie eingepackt – je nachdem, ob man sie mitnehmen (»d'asporto oder »da portare via«) oder unterwegs (»in piedi«, wörtlich: stehend) essen möchte – und schon ist man wieder weg! Das geht schnell und ist einfach, Essen zum Mitnehmen auf Italienisch.

Die Pinsere ist ein uralter römischer Pizza-Stil, den es schon länger gibt als die Pizza selbst. Das Wort Pinsere leitet sich vom lateinischen Wort für dehnen ab, daher auch die längliche Form. Sie wird ebenfalls im Holzofen gebacken und die meisten Zutaten würde man auch in jeder Pizzeria finden. Auf den Straßen Roms ist sie längst nicht so verbreitet, doch wenn Sie in der Stadt sind, lohnt sich eine Kostprobe.

In Rom wählen viele Menschen am häufigsten die Pizza, wenn sie essen gehen. Mit der europäischen und größeren globalen Wirtschaftskrise, die Italien auf vielen Ebenen gebeutelt hat, ist die Arbeitslosigkeit besonders unter jungen Leuten hoch; die Einkommen sind im Vergleich mit vielen Ländern in und außerhalb der Europäischen Union extrem niedrig. Dies hat sich dauerhaft auf das gesellschaftliche Leben vieler Römer ausgewirkt, die nach wie vor ausgesprochen sparsam sind. Die Pizza in der gewünschten Größe bleibt daher eine äußerst beliebte Option für eine gute Mahlzeit, bei der das Kilo nur maximal 20 Euro kostet, und in vielen Lokalen mit gutem Ruf sogar noch weniger.

Wie bei den meisten Ritualen rund ums Essen gibt es einen bestimmten Ablauf, wenn man in einer Pizzeria in Rom bestellt und verzehrt. Als Erstes muss man wissen, dass das Essen hier immer mit Fritti (frittierten Speisen) beginnt, und man wird in Rom keine Pizzeria finden, die nicht eine Auswahl davon auf der Karte hat. Zu den häufigsten gehören Fiori di Zucca (mit Mozzarella und Sardellen gefüllte Zucchiniblüten), Filetti di Baccalà (Salzkabeljaufilets), Mozzarelline (panierte Mozzarella-Bällchen), Olive ascolane (panierte gefüllte Oliven) und Supplì (Reisbällchen). Meistens spülen Römer frittierte Speisen und Pizza mit Bier hinunter, nicht mit Wein.

Es gibt auch eine Redewendung bezüglich der Rechnung. Bezahlt man alla romana (auf römische Art), so wird die Rechnung zu gleichen Teilen geteilt, unabhängig davon, was man gegessen oder getrunken hat. Römer hassen es, wenn es beim Bezahlen stressig wird, daher ist dies die bevorzugte und einfachste Methode.

In Rom diskutieren alle darüber, wo man die beste Pizza bekommt, und meistens gehen die Menschen scharenweise in die Pizzeria ihres Viertels. Wie in der Trattoria behandeln die Mitarbeiter der Pizzeria vor Ort die Leute, als wäre es Verwandtschaft. Meine Pizzerien in Trastevere sind Ai Marmi und Da Ivo, und Da Remo in Testaccio mag ich auch sehr. Reda, ein Kellner im Da Ivo, hat mir einmal erzählt, dass er seit über 20 Jahren dort arbeitet. »Am besten gefällt mir an der Pizzeria«, erklärt er, »dass wir als Kellner wir selbst sein können, locker, und mit den Gästen scherzen können. Eine Pizzeria ist nicht so formell wie ein Restaurant.«

Mit dem Aufkommen von Gourmet-Pizzerien wandelt sich dies jedoch allmählich. Sie sind ein bisschen extravaganter als die Pizzeria an der Ecke; mein absoluter Favorit der Stadt ist das Seu Iluminati. Pier Daniele Seu hat, seit er die Bühne betreten hat, jede mögliche Auszeichnung abgeräumt und zählt zu den besten Pizzabäckern Italiens. In seinem hippen, mit Neonlicht erhellten Restaurant in Trastevere finden sich alle Klassiker auf der Karte, sie stehen aber neben jahreszeitlich wechselnden Gerichten, die verspielt auf eine Art und Weise mit den Zutaten flirten, die einem das Wasser im Munde zusammenlaufen lässt! Er und seine Frau Valeria Zuppardo (die jedes Mal eine eigene Pizzakreation auf die stets wechselnde Speisekarte setzt) bieten ein Pizzaerlebnis der gehobenen Art, komplett mit Dessertpizzen, prickelnden Getränken, Craftbier und einem Lächeln.

Besuchern empfehle ich nach wie vor regelmäßig das Ai Marmi, denn es ist eine Institution in Trastevere (und in Rom). Der richtige Name dieser quirligen Pizzeria ist Pannatoni, aber die Einheimischen kennen sie unter L'Obitorio (die Leichenhalle) oder in Anspielung auf die langen Marmortische Ai Marmi (bei den Steintischen). Mit gefällt die alte Leuchtspeisekarte. Immer steht eine Schlange davor (die sich aber recht schnell bewegt) und ich sage den Leuten, sie sollen sich darauf einstellen, Ellenbogen an Ellenbogen zu sitzen, denn das gehört zum Spaß dazu!

Wenn du in Rom bist ...

Impasto per la Pizza fatta in Casa

Basisteig für Pizza

Die gute Pizza für zu Hause beginnt mit diesem Rezept für den Basisteig. Er wird mit einfach zu verarbeitender Trockenhefe zubereitet, muss nur 2 Stunden gehen und ergibt 4 runde Pizzaböden. Diesen Teig können Sie für alle Rezepte aus diesem Kapitel verwenden; ich habe fünf meiner Lieblingsklassiker von römischen Pizzeria-Speisekarten aufgenommen.

Ergibt 4 Pizzaböden

500 g Allzweckmehl
2 TL Trockenhefe
1 TL Meersalz
½ TL Zucker
400 ml lauwarmes Wasser
Olivenöl nativ extra, zum Einfetten

1. Für den Teig das Mehl in eine große Schüssel oder die Schüssel eines elektrischen Standmixers sieben. Hefe, Salz und Zucker hinzufügen. Wasser zugießen und, falls ein Mixer zum Einsatz kommt, zunächst mit dem Knethaken vermengen. Wird mit den Händen gearbeitet, zu Beginn die Zutaten mit einer Gabel vermischen, dann mit den Händen verkneten. Ist der Teig zu feucht, noch etwas Mehl dazugeben.
2. Den gründlich vermengten Teig auf eine saubere, bemehlte Fläche legen und behutsam kneten, bis er eine Kugel bildet. In eine leicht geölte Schüssel geben und mit geölter Frischhaltefolie abdecken, sodass er beim Aufgehen nicht daran festklebt.
3. Der Teig sollte zum Aufgehen ca. 2 Stunden benötigen. Bei warmem Wetter geht er leicht auf, wenn es kalt ist, stellt man ihn an einen warmen Ort beim Ofen oder über einer Heizung.
4. Den aufgegangenen Teig herausnehmen und auf einer sauberen bemehlten Fläche sanft kneten. Den Teig in 4 Portionen aufteilen. Mit einem feuchten Geschirrtuch abdecken und ruhen lassen, während der Belag vorbereitet wird.
5. Jedes Teigstück kann ausgerollt oder per Hand auseinandergezogen werden, je nachdem, wie man den Boden lieber haben möchte. Durch Ausrollen wird die Kruste dünner, wird der Teig hingegen von Hand in Form gedehnt, bleiben die Lufttaschen erhalten und die Kruste wird dicker.

Anmerkung: Der fertige Teig gewinnt, wenn er über Nacht ruht, kann jedoch auch schon nach 2 Stunden verwendet werden.

Impasto per la Pizza fatta in Casa und Salsa di Pomodoro (Teig für selbst gemachte Pizza und Tomatensoße)

Salsa di Pomodoro

Tomatensoße für Pizza

Ergibt Soße für 4 Pizzen

500g Passata (passierte Tomaten)

2EL Olivenöl nativ extra

1 Prise getrockneter Oregano oder Basilikum, klein gezupft

1 Prise Salz

1. Passata und Olivenöl in einer kleinen Schüssel miteinander verrühren. Kräuter und Salz hinzugeben.
2. Auf den Pizzaböden (siehe Seite146) verstreichen und dabei rings herum 2cm Rand lassen.
3. Belag nach Wahl hinzufügen und 10–15 Minuten backen, bis der Teig allmählich leicht golden wird.

Margherita

Ergibt 4 Pizzen

1 x Rezept Impasto per la Pizza fatta in Casa (Seite 146)

1 x Rezept Salsa di Pomodoro (siehe oben)

500g frischer Mozzarella, zerkleinert

Basilikumblätter zum Garnieren

1. Den Ofen auf 240°C Ober-/Unterhitze (Umluft: 220°C) vorheizen.
2. Auf allen Pizzen Tomatensoße verteilen, dann den Mozzarella.
3. Die Pizzen 10–15 Minuten backen, bis der Teig allmählich etwas golden wird.
4. Mit Basilikumblättern garnieren und servieren.

Margherita

Marinara

Boscaiola

Marinara

Ergibt 4 Pizzen

1 x Rezept Impasto per la Pizza fatta in Casa (Seite 146)
1 x Rezept Salsa di Pomodoro (siehe Seite 148), mit Oregano zubereitet
4 Knoblauchzehen, in dünne Scheiben geschnitten
4 TL getrockneter Oregano
Olivenöl nativ extra zum Beträufeln

1. Den Ofen auf 240 °C Ober-/Unterhitze (Umluft: 220 °C) vorheizen.
2. Auf allen Pizzen Tomatensoße verteilen, dann Knoblauch und Oregano darüberstreuen.
3. Mit Olivenöl beträufeln und 10–15 Minuten backen, bis der Teig allmählich etwas golden wird.

Boscaiola

Ergibt 4 Pizzen

1 x Rezept Impasto per la Pizza fatta in Casa (Seite 146)
1 x Rezept Salsa di Pomodoro (siehe Seite 148)
500 g frischer Mozzarella, zerkleinert
200 g Champignons, in dünne Scheiben geschnitten
2 Schweinswürstchen

1. Den Ofen auf 240 °C Ober-/Unterhitze (Umluft: 220 °C) vorheizen.
2. Auf allen Pizzen Tomatensoße verteilen, dann den Mozzarella. Die Pilzscheiben ringsum anordnen.
3. Wurstpellen entfernen. Das Wurstbrät grob zerkleinern und auf den Pizzen verteilen.
4. Die Pizzen 10–15 Minuten backen, bis der Teig allmählich etwas golden wird.

Fiori di Zucca e Alici

Zucchiniblüten und Sardellen

Ergibt 4 Pizzen

10 Zucchiniblüten
1 x Rezept Impasto per la Pizza fatta in Casa (Seite 146)
500 g frischer Mozzarella, zerkleinert
24 Sardellenfilets in Olivenöl

1. Den Ofen auf 240 °C Ober-/Unterhitze (Umluft: 220 °C) vorheizen.
2. Stiele sowie Stempel und Staubgefäße der Zucchiniblüten entfernen. Die Blüten vorsichtig flach öffnen und in 2–3 cm breite Streifen schneiden.
3. Alle Pizzen mit Mozzarella belegen.
4. Auf jeder Pizza 6 Sardellenfilets und darauf die Zucchiniblüten-Streifen verteilen.
5. Die Pizzen 10–15 Minuten backen, bis der Teig allmählich etwas golden wird.

Fiori di Zucca e Salsiccia

Zucchiniblüten und Wurstbrät

Ergibt 4 Pizzen

10 Zucchiniblüten
1 x Rezept Impasto per la Pizza fatta in Casa (Seite 146)
500 g frischer Mozzarella, zerkleinert
2 Schweinswürstchen

1. Den Ofen auf 240 °C Ober-/Unterhitze (Umluft: 220 °C) vorheizen.
2. Stiele sowie Stempel und Staubgefäße der Zucchiniblüten entfernen. Die Blüten vorsichtig flach öffnen und in 2–3 cm breite Streifen schneiden.
3. Alle Pizzen mit Mozzarella belegen.
4. Wurstpellen entfernen. Das Wurstbrät grob zerkleinern und auf die Pizzen verteilen.
5. Zucchiniblüten verteilen und die Pizzen 10–15 Minuten backen, bis der Teig allmählich etwas golden wird.

Fiori di Zucca e Alici (Zucchiniblüten und Sardellen)

Fiori di Zucca e Salsiccia (Zucchiniblüten und Wurstbrät)

venuti a fà
Domus Birrae
25
JUST DO IT

VIA
DELLA PACE

JÜDISCH-RÖMISCHE KÜCHE UND DAS JÜDISCHE GHETTO

Im Herzen Roms verborgen, liegt das jüdische Ghetto, wirklich eine der schönsten und vielleicht eine der am wenigsten bekannten Sehenswürdigkeiten der Stadt. Und noch unbekannter ist, dass es eine ganze römisch-jüdische Küche gibt, die untrennbar in die römische Mainstream-Dining-Szene eingegangen ist.

Die römisch-jüdische Gemeinde gilt als eine der ältesten in Europa und das florierende jüdische Ghetto hat viele Aspekte der Stadt und des römischen Lebens geprägt.

Im 1555 eingerichteten Ghetto verbinden sich die jüdische Kultur, die Schönheit der römischen Architektur und die Ruinen des antiken Portico d'Ottavia. Es liegt im Rione (Bezirk) Sant'Angelo unweit des Flusses Tevere (Tiber), gleich gegenüber von Trastevere und südlich des Campo de' Fiori. Ursprünglich war es durch hohe Mauern von der übrigen Stadt abgetrennt; sie wurden 1888 niedergerissen, wie auch nahezu das gesamte jüdische Ghetto.

In der Nazizeit wurden die dort lebenden Juden festgenommen und deportiert. Die Geschichte besagt, dass ein deutscher SS-Sicherheitschef versprach, auf die Deportation der römischen Juden zu verzichten, wenn im Gegenzug eine Auslöse in Form von Gold geleistet würde (wozu der Vatikan einen Beitrag geleistet haben soll). Die Gemeinschaft brachte die Menge Gold auf, doch zwischen Oktober 1943 und Juni 1944 deportierten die Nazis knapp 2000 Juden aus dem Ghetto nach Auschwitz. Es gibt viele Geschichten von anderen Juden, die von römischen Familien oder den Kirchen der Stadt aufgenommen wurden, und einige wenige fanden sogar innerhalb der Vatikanstadt eine Zuflucht.

Im Rahmen eines europaweiten Kunstprojekts zur Ehrung von Holocaustopfern befindet sich für jeden deportierten Menschen ein goldener Pflasterstein vor seiner letzten bekannten Wohnadresse. Auf Italienisch heißen sie Pietre d'Inciampo (Stolpersteine). Sie sind eine berührende, kraftvolle und beständige Erinnerung an die Vergangenheit.

metropolitano
RENATO AL GHETTO
HOSTARIA KOSHER

LAURA RAVAIOLI

KÖCHIN UND FERNSEHMODERATORIN

Laura Ravaioli ist eine römische Köchin, Fernsehmoderatorin und Expertin in allen römisch-jüdischen Dingen. Sie wurde in Rom geboren und sagt, sie sei praktisch in der Trattoria ihrer Nonna aufgewachsen. Ihre Mutter und ihre Großmutter beschreibt sie als ihre ersten Kochlehrerinnen und ihre Inspiration.

Eine ihrer ersten Arbeitsstellen war als Köchin in dem damals berühmten römischen Restaurant Hemingway, und so begann eine Laufbahn, die sie in Küchen auf der ganzen Welt von Asien bis Neuseeland, den USA bis nach Israel führte. In ihrer aktuellen Fernsehsendung Kasher (vom römischen Dialektwort für koscher: kashere) präsentiert sie Rezepte der römisch-jüdischen Tradition und die Menschen und Geschichten hinter dem jüdischen Ghetto.

Laura sagt, Roms jüdische Gemeinde sei nach wie vor stark mit dem Ghetto verbunden. Hier findet man die Synagoge, jüdische Grundschulen und weiterführende Schulen, koschere Metzgereien, Feinkostläden, Bäckereien und mehr. Die Traditionen der Vergangenheit haben sich weiterentwickelt, bleiben aber dennoch unlösbar mit den religiösen Gebräuchen verknüpft. Einheimische und Touristen gleichermaßen kommen her, um zu schauen, zu feiern, zu essen und zu beten.

Restaurants und Lebensmittelgeschäfte im Ghetto befolgen die Koschergesetze und werden von örtlichen Autoritäten überwacht, um zu gewährleisten, dass sie sich an die Regelungen halten und sich als authentisch bezeichnen dürfen. Beim Gang durch die Straßen des römischen Ghettos wird man bemerken, dass Restaurants und Läden ihre Zertifikate stolz an Schaufenstern und Türen zeigen. Achten Sie darauf, wenn Sie nach echt römisch-jüdischer Küche suchen.

In Rom stehen Rezepte der jüdischen Tradition auf den Speisekarten, und zwar nicht nur im Gebiet des Ghettos, sondern in der ganzen Stadt. Speziell die doppelt frittierten Artischocken, Carciofi alla Giudia (nach jüdischer Art) sind hier sehr beliebt (siehe Seite 19). Generell kann man sagen, dass alle frittierten Speisen in einem koscheren Lokal in Rom lecker sein werden! Unter den anderen Gerichten, die man auf Speisekarten oder in heimischen Küchen finden kann, sind Aliciotti con l'Indivia (Sardellen und Endivien aus dem Backofen, siehe Seite 121) oder Stracotto (ein langsam gegarter Rinderschmorbraten, siehe Seite 39).

Laura unterstreicht, dass Roms jüdisches Ghetto in puncto Essen zu den authentischsten Teilen der Stadt zählt, denn die Speisekarten sind quasi eine Kopie dessen, was noch immer zu Hause gekocht wird – Gerichte, die hauptsächlich schlicht und aus frischen Produkten zubereitet sind.

Sie ist stolz auf ihren jüdischen Glauben und ihr jüdisches Erbe. Als Erwachsene hat sie sich wieder damit verbunden, denn vor dem Zweiten Weltkrieg war ihre gesamte Familie als Reaktion auf das damals herrschende antisemitische Klima zum Katholizismus konvertiert.

In nostalgischer Stimmung erzählt sie Geschichten über das Ghetto und die Persönlichkeiten, die es zu dem lebhaften Schmelztiegel heutiger Tage machen. Eine ihrer Lieblingsanekdoten betrifft den Shabbat (Sabbat), als Familien, die es sich nicht leisten konnten, zu Hause Gas zu verwenden, zur Bäckerei Boccione gingen (bis heute eine Institution) und deren Backöfen nutzten. Man erzählt sich, dass manche Leute zurückkamen und merkten, jemand aus dem Viertel habe heimlich ihre Gerichte mitgenommen statt der eigenen; die teureren Speisen wie Lamm waren irgendwie einfach verschwunden.

Sie redet voller Zuneigung über eine Gemeinschaft, die trotz einer turbulenten und herzzerreißenden Vergangenheit stolz und kühn bleibt, eine Gemeinde, die so sehr Teil von Rom ist wie jedes beliebige Bauwerk, jeder Pflasterstein, jede Ruine.

M·AGRIPPA·L·F·COS·TERTIVM·FECIT

»Jede [Stadt] auf ihre Art war wunderbar. Es wäre schwer zu … – Rom! Rom war unbeschreiblich schön. Ich werde diesen Besuch hier niemals vergessen, solange ich lebe.«

AUDREY HEPBURN

IL QUINTO QUARTO

Carbonara, Amatriciana, Cacio e Pepe, frittierter Baccalà (Salzkabeljau), Fiori di Zucca (frittierte Zucchiniblüten), frittierte Artischocken und Saltimbocca alla Romana sind einige der beliebteren römischen Gerichte, gelten aber im Grunde als modern. Die wahre historische Cucina romana hingegen verarbeitet hauptsächlich Innereien und Nebenprodukte des Schlachtens, was man oft als nose-to-tail bezeichnet: die Teile, die übrig bleiben, wenn die Metzger alle guten Fleischstücke weggenommen haben.

Diese Art der Cucina romana wird oft Quinto quarto genannt, wörtlich »fünftes Viertel«. Der Begriff stammt aus dem späten 19. Jahrhundert, als Arbeiter im Schlachthaus des Arbeiter- und bürgerlichen Viertels Testaccio buchstäblich mit Schlachttierteilen bezahlt wurden.

Tierkarkassen werden in vier Teile zerlegt und Fleischwaren wurden früher zu gleichen Teilen auf vier verschiedene Klassen verteilt: Adel, Klerus, Bürgertum und Militär. Was übrig blieb, wurde umgangssprachlich als »fünftes Viertel« bekannt, das, was die Arbeiter ihren Frauen nach Hause mitbrachten. Es lebte also eine Generation von Frauen in Rom, die kreativ aus dem, was man ihnen gab, etwas zubereitete, um ihre Familien zu ernähren. Die echte Cucina romana – Quinto Quarto – war geboren!

Gerichte wie Trippa alla Romana (Kutteln in üppiger Tomatensoße) und Coratella (in der Pfanne gebratene Lamminnereien (Herz, Lungen, Leber und Milz sowie Teile der Speiseröhre) kann man noch immer in römischen Trattorien finden. Mein Favorit in dieser Kategorie ist Coda alla Vaccinara, langsam gegarter oder geschmorter Ochsenschwanz in einer gehaltvollen Tomatensoße mit Karotte, Sellerie und Kakao. Bei manchen Rezepten kommen auch noch Rosinen und Pinienkerne hinzu und geben noch mehr Textur.

La Pajata sind in der Pfanne gebratene Därme von Milchkälbern, serviert in einer reichhaltigen Tomatensoße. Zu Beginn der Nullerjahre sorgte das Gericht für Schlagzeilen, als die Europäische Union es nach der Ausbreitung des Rinderwahnsinns verbot. Doch 2015 konnten sich die Fans unter den Römern freuen, als das Verbot aufgehoben wurde und es dieses Gericht in den Trattorien wieder gab.

Zwar sind diese Gerichte in Rom nie wirklich aus der Mode gekommen, doch in letzter Zeit scheinen sie wieder mehr Zuspruch zu finden, vor allem von jungen Leuten. Viele Klassiker erleben derzeit mit modernen Abwandlungen eine Renaissance. Man findet zum Beispiel an vielen Streetfood-Wagen oder Marktständen Kutteln als Belag für Gourmet-Sandwiches oder als Füllung in einem der beliebtesten Streetfood-Snacks in Rom, dem Trapizzino (eine köstliche Pizzatasche). Am Hotspot Mordi e Vai auf dem Markt in Testaccio verkaufen sich die mit Kutteln oder Zunge gefüllten Panini täglich dutzendweise.

Wenn ich ganz ehrlich bin, sind Innereien und Schlachtnebenprodukte eigentlich nicht so sehr mein Fall, aber ich werde alles einmal kosten. Und als Wahlrömerin habe ich es als Übergangsritus betrachtet, alles zu probieren. Was soll ich sagen, ich wache zwar nicht mit Appetit auf Innereien auf, aber wenn Coda alla Vaccinara auf dem Speiseplan steht, vor allem als Soße zu Gnocchi, sage ich sicher nicht nein!

VON **TONI BRANCATISANO**

Trippa alla Romana

Kutteln römische Art

Kutteln sind in der Sammlung römischer Gerichte mit Innereien am meisten Mainstream. Verglichen mit Därmen und gebratener Milz ist sind Kuhmagenwände regelrecht harmlos! Meine Freundin Toni stammt nicht aus Rom, aber ihr Partner, und so hat sie dieses Gericht im Laufe der Jahre perfektioniert und nun einen Standard erreicht, der Alberto zufriedenstellt. Ich vertraue seinem Authentizitätssiegel – zu wissen, was gute Kutteln sind, ist schließlich sein Geburtsrecht! Dies ist ein ganz charakteristisches römisches Gericht. In der ganzen Stadt steht es oft auf den Tafeln der Trattorien. Ich bin sicher, Sie werden Tonis klassische Version, in einer gehaltvollen Tomatensoße gekocht, lieben.

Für 6 Portionen

900 g Kutteln, gesäubert und blanchiert (siehe Anmerkung)
2 Zitronen, geviertelt
50 ml Olivenöl nativ extra
1 rote Zwiebel, in dünne Streifen geschnitten
2 Knoblauchzehen, grob gehackt
125 ml trockener Weißwein
800 g zerkleinerte Tomaten aus der Dose
1 Karotte, halbiert
Salz und schwarzer Pfeffer aus der Mühle
20 Minzeblätter, fein gehackt
100 g Pecorino Romano, gerieben, sowie etwas mehr zum Servieren
Brot zum Aufwischen

1. Kutteln in einen großen Topf geben und mit Wasser bedecken. Zum Kochen bringen und 10 Minuten kochen, dann in ein Sieb abgießen und unter kaltem fließendem Wasser spülen, bis sie abgekühlt sind. In eine Schüssel geben, mit kaltem Wasser bedecken, die Zitronenviertel hinzugeben und 30 Minuten stehen lassen.
2. Olivenöl in einem großen Topf erhitzen. Zwiebel und Knoblauch hineingeben und auf niedriger Stufe ca. 5 Minuten anbraten oder bis die Zwiebel glasig ist. Wein zugießen und etwas einkochen lassen, dann Tomaten und Karotte hinzufügen. Mit Salz und schwarzem Pfeffer würzen, Deckel auflegen und 30 Minuten kochen. Karottenhälften herausnehmen.
3. Kutteln aus dem Wasser nehmen und in mundgerechte, ca. 1 cm breite Streifen schneiden. Kutteln zu den Tomaten geben und 1 Stunde leise köcheln lassen.
4. Die Hälfte der Minze hineingeben, gründlich umrühren, Deckel auflegen und wiederum 1 Stunde köcheln lassen oder bis die Kutteln sehr zart sind.
5. In einer kleinen Schüssel restliche Minze und Pecorino vermischen.
6. Kutteln vom Herd nehmen und Pecorino und Minze hineinrühren. Kosten und falls nötig abschmecken.
7. Mit Pecorino bestreuen und mit Brot zum Aufwischen der köstlichen Soße servieren.

Anmerkung: In Rom kann man Kutteln gesäubert und blanchiert kaufen. Jeder Fleischer wird sie säubern; sollten Ihre Kutteln jedoch noch nicht blanchiert sei, gehen Sie wie folgt vor: In ca. 6 Stücke schneiden, damit sich einfacher damit hantieren lässt, dann unter kaltem Wasser 1 Minute abspülen. In einen großen Topf geben und 3 l kaltes Wasser sowie 150 ml weißen Essig zugießen. 1 EL feines Salz hineingeben und langsam zum Kochen bringen. 15 Minuten köcheln, dann in ein Sieb abgießen und abkühlen lassen.

ANTICA
SALUMERIA
SALUMI

CUCINA ROMANA
SPECIALITÀ DEL GIORNO
RIGATONI
RIGATONI
SCHIAFFONI COLI CARCIOFI
SPAGHETTI E POLIPETTI DE ANZIO
TONNARELLI ALICI E CACIO
ER FIJO DAA PECORA SCOTTADITO
SPIEDI DE PECORA
AA CODA DER FIJO DAA VACCA
LI FIORI DE ZUCCA AA ROMANA

Coda alla Vaccinara

Ochsenschwanzeintopf römische Art

Dies ist mein Favorit unter den Gerichten der Cucina romana zur kompletten Verwertung geschlachteter Tiere (nose-to-tail): langsam gegarter oder geschmorter Ochsenschwanz in einer üppigen Tomatensoße. Die Römer bezeichnen es als La Regina del quinto Quarto – die Königin der Innereien-Gerichte! Der Name bezieht sich auf den Vaccinaro, den Rindermetzger, und datiert ins späte 19. Jahrhundert, als es üblich war, den Metzger mit Teilen des Schlachttieres zu bezahlen. Normalerweise bereitet man diesen Eintopf mit Karotten, Sellerie und Kakao zu, und manche Rezepte – wie dieses vom Da Enzo al 29 in Trastevere – enthalten Rosinen und Pinienkerne, was die Textur sogar noch leckerer macht. Ich habe dem Rezept noch Karotten hinzugefügt, weil ich das lieber mag.

Dieses Gericht kann man wunderbar gemeinsam mit anderen essen, es ist römisches Comfort Food vom Feinsten. Das Fleisch zerfällt buchstäblich und zergeht auf der Zunge. Die Soße nicht entsorgen; heben Sie sie auf und servieren Sie sie zu Pasta, zum Beispiel zu Gnocchi oder Rigatoni.

Für 6 Portionen

3 kg Ochsenschwanzstücke
1 kg Staudensellerie, geputzt
600 g Karotten
60 ml Olivenöl nativ extra
125 ml trockener Weißwein
2 kg zerkleinerte Tomaten aus der Dose
Salz und schwarzer Pfeffer aus der Mühle
2 EL Pinienkerne
2 EL Rosinen
dunkles ungesüßtes Kakaopulver zum Bestreuen

1. Die Ochsenschwanzstücke gründlich abspülen und jegliche Feuchtigkeit mit Papiertüchern abtupfen. Sellerie und Karotten grob in ca. 8 cm lange Abschnitte schneiden.
2. Das Olivenöl in einem großen Topf mit schwerem Boden erhitzen. Die Ochsenschwanzstücke hineingeben und portionsweise auf hoher Stufe 4–5 Minuten anbraten, bis sie gebräunt sind; wenden, damit alle Seiten Farbe bekommen. Die Portionen herausnehmen und auf einen Teller legen.
3. Wein, Sellerie und Karotten in den Topf geben, zum Ablöschen des Bodens umrühren und nochmals 1 Minute kochen. Tomaten einrühren. Alle Ochsenschwanzstücke wieder in den Topf geben und ausgiebig mit Salz und schwarzem Pfeffer würzen.
4. Die Hitze auf mittlere bis niedrige Stufe stellen und ca. 3½–4 Stunden köcheln lassen; gelegentlich umrühren. Der Eintopf ist fertig, wenn das Fleisch sich leicht vom Knochen löst und die Soße dick ist.
5. Kosten und falls nötig abschmecken. Pinienkerne und Rosinen hineinrühren und vor dem Servieren mit etwas Kakaopulver bestreuen.

VON **ANGELO PREZIOSI**

Coratella

Lamminnereien mit Zwiebeln

Coratella kann man normalerweise nur in den aller-ur-römischsten Trattorien finden, denn für diejenigen, die einen eher touristischen Markt beköstigen, ist es etwas zu abenteuerlich. Diese Delikatesse aus der Pfanne besteht aus Herz, Lunge, Leber und Milz vom Lamm, die in mehreren Schritten gekocht werden, damit man die richtige Textur für alle Komponenten erhält. Für Angelo ist es im Frühling ein Standardgericht und bei seiner Familie steht es im Rahmen des opulenten Osterfrühstücks auf dem Speiseplan, zusammen mit Salumi, Käse und Pizza di Pasqua al Formaggio, einem typisch österlichen Käsebrot.

Für 4 Portionen

Innereien von 2 Lämmern (Lungen, Herz, Milz, Leber)

100 ml Olivenöl nativ extra

2 Zwiebeln, klein geschnitten

Salz und schwarzer Pfeffer aus der Mühle

125 ml trockener Weißwein

1. Die Innereien gründlich abspülen. Die unterschiedlichen Organe getrennt halten und in 1–2 cm große Stücke schneiden.
2. Das Olivenöl in einer großen Bratpfanne erhitzen. Zwiebeln hineingeben und auf mittlerer Stufe 7–8 Minuten anbraten, bis sie soeben golden werden. Aufpassen, dass sie nicht anbrennen.
3. Die Lungen hineingeben und 5 Minuten anbraten, dann Herz hinzugeben. Weitere 3 Minuten anbraten, dann Milz hinzufügen.
4. Wiederum nach 3 Minuten Leber hinzugeben und alles gut mit Salz und schwarzem Pfeffer würzen.
5. Alles zusammen 5 Minuten sanft braten und darauf achten, dass nichts anbrennt oder austrocknet. Innereien und Zwiebeln sollten seidig weich und zart sein.
6. Wein hinzugeben und nochmals einige Minuten köcheln lassen, bis der Alkohol verdampft ist.
7. Sofort servieren.

123
124

•PETTO DI POLLO
•COSCE DI POLLO CAMPESE € 4,90 Kg
•STRACCETTI B.A. SCOTTONA € 12,90 Kg
•HAMBURGER CHIANINA € 1,20 al Pz.
•UOVA A TERRA AMADORI € 1,69 al Pz.
www.macelleriaminutillo.it
Tipicamente italiano
€ 8,90
€ 7,99
€ 6,90
BANCO

Im Jahr 2008 erfand der bekannte römische Pizzaiolo Stefano Callegari das Trapizzino und verwandelte damit die Zutaten, die in der römischen Küche zu Hause verwendet werden, in eine günstige Mahlzeit, die man unterwegs essen kann. Schnell wurde sie bei den Römern ein beliebter Streetfood-Snack. Der Name ist ein Wortspiel und kombiniert Pizza und das italienische Wort für ein dreieckiges Sandwich, Tramezzino. Es ist eine Art Pizzatasche (eine dreieckige Pizza bianca), gefüllt mit den Dingen, die man in Nonnas Küche finden mag; insbesondere Spezialitäten wie Innereien und Co auf römische Art. Derzeit gibt es etwa 30 verschiedene, darunter Trippa alla Romana (Kutteln), Zunge mit Salsa verde, Gemüse-Caponata, Burrata mit Zucchini und Brokkoli mit Schweinswürstchen.

Stefano ist 1968 in einer Familie zur Welt gekommen, der die Gastronomiebranche nicht fremd war. Darauf führt er die vielen Kochgeheimnisse zurück, die seit der Kindheit bei ihm hängen geblieben sind. Anfang bis Mitte der 1990er-Jahre begann er mit Auslieferungen für eine Bäckerei und schaute dort den Bäckern über die Schulter, denn er hatte den Wunsch, die Tricks und Kniffe des Geschäfts von ihnen zu lernen. Schließlich absolvierte er einen Pizzabäcker-Kurs.

Im Jahr 2005 eröffnete er gemeinsam mit ein paar Freunden (seinen heutigen Geschäftspartnern Antonio Pratticò, Paul Pansera und Fabio Giacomobono) seine erste Pizzeria in Rom mit Namen Sforno. Es folgten 00100 Pizza, Tonda, Sbanco und das jüngere Unterfangen einer Trattoria namens Romanè.

In seinen Pizzeria-Restaurants gibt es nicht nur die Klassiker, sondern auch seine berühmte »Greenwich« mit Portwein-Reduktion und Stilton-Blauschimmelkäse, die dekadente Carbonara-Pizza und die einzigartige Cacio e Pepe. Hier macht Stefano aus dem römischen Pasta-Klassiker eine Pizza, obgleich er eine Weile brauchte, bis ihm die richtige cremige Konsistenz gelang. Er wusste, dass das stärkehaltige Kochwasser der Pasta der Schlüssel zum perfekten Cacio e Pepe war, doch er sagt, er konnte ja schließlich kein Wasser auf den Pizzaboden geben. Letzten Endes versuchte er es mit Eiswürfeln und das klappte. Als sie im mit Holz befeuerten Ofen schmolzen, vermischten sie sich mit dem Pecorino Romano und dem Pfeffer und er hatte den Cacio-e-Pepe-Effekt, den er suchte.

Allmählich wurden sein Name und alle seine Marken in Rom zum Synonym für hochwertige Pizza. Doch im 00100, einem winzigen Pizza-al-Taglio-Lädchen in Roms Foodzentrale Testaccio – entstand schließlich das Trapizzino. Seit der Eröffnung des 00100 im Jahr 2008 ist das Trapizzino so rasant beliebt geworden, dass es einem Rebranding unterzogen wurde. Seither eröffneten einige spezielle Trapizzino-Läden in Rom, Florenz, Mailand und New York.

Stefano meint, ihr Erfolg hänge mit nostalgischen Erinnerungen ans Essen zusammen. »Das Trapizzino verbindet eine leckere Pizza bianca mit den Gerichten der Vergangenheit, eine erfolgreiche Kombination. Jahrelang waren wir hier in Italien immer faszinierter von der internationalen Küche und den Trends und haben irgendwie vergessen, wie gesund und gut unsere eigene Küche ist.«

In gewisser Weise, so sagt er, fülle das Trapizzino den italienischen Begriff Scarpetta mit Leben. Es heißt wörtlich »kleiner Schuh«, und mit diesem Wort wird das Aufwischen von Soße auf dem Teller beschrieben. Ganz oft ist das Trapizzino mit saftigen, auf Soßen basierenden Gerichten gefüllt und die Verkäufer achten darauf, dass die Pizzatasche vor dem Füllen mit Soße getränkt wird, denn das macht es noch schmackhafter!

Stefanos Traum von der Cucina romana, die um die Welt geht, wird also wahr.

STEFANO CALLEGARI

GRÜNDER VON TRAPIZZINO UND PIZZABÄCKER

Specialità di Oggi
Ravioli Frolla di Albicocca
Tozzetti ai Fichi Secchi
Pizza Romana con Spinaci
Sacher Torta
Torta al Pistacchio

VON **ANGELO PREZIOSI**

Rigatoni con la Pajata

Rigatoni mit Kalbsdarm

Ich habe eine, sagen wir mal, originelle Geschichte zu La Pajata, gebratenem Milchkalbsdarm, oft mit Rigatoni und einer üppigen Tomatensoße serviert. Ich erzähle sie immer, wenn ich gefragt werde, ob ich das Gericht mag. Ich antworte wahrheitsgemäß: Ich bin zwar kein Fan von Innereien, doch La Pajata hat mir geschmeckt, obgleich ich es nie wieder essen werde. Ich hatte ein schlechtes Erlebnis damit: Mein damaliger Freund brachte mir das Gericht – hausgemacht von seiner römischen Mutter – und trennte sich dann von mir. Vom Liebeskummer und dem Mut, den es brauchte, um Kalbsdarm zu probieren, sind Spuren zurückgeblieben.

Dieses Rezept ist von Angelo. Er sagt, in den 14 Jahren, in denen La Pajata von der Europäischen Union wegen des Rinderwahnsinns verboten war, hätten die Metzger Lamminnereien verkauft, doch es war nicht dasselbe. Seine Familie hat es trotz des Verbots die ganze Zeit über weiterhin gegessen, dank einer sehr besonderen Freundschaft zu ihrem Metzger in den Abruzzen, der es für sie unter dem Ladentisch versteckte (pst!). Wenn Sie beim Abendessen in Rom La Pajata auf der Speisekarte entdecken, können Sie sicher sein, dass Sie in einer durch und durch römischen Trattoria sind.

Für 4 Portionen

800 g Kalbsdarm
½ Stange Staudensellerie
1 kleine Karotte
1 kleine Zwiebel, geschält
60 ml Olivenöl nativ extra
Salz und schwarzer Pfeffer aus der Mühle
60 ml trockener Weißwein
500 g Passata (passierte Tomaten)
360 g Rigatoni
100 g Pecorino Romano, gerieben, sowie etwas mehr zum Servieren

1. Zuerst den Darm vorbereiten. Gründlich spülen, dann in ca. 10–15 cm lange Stücke schneiden. Mit Küchenbindfaden die Enden zusammenbinden, sodass kleine Ringe entstehen, damit die Milch darin bleibt.
2. Sellerie, Karotte und Zwiebel fein würfeln. Olivenöl in einem großen Topf mit schwerem Boden erhitzen und das Gemüse 5 Minuten behutsam anbraten, bis es allmählich weich wird. Die Darmkringel hinzufügen und mit Salz und schwarzem Pfeffer würzen.
3. Sobald die Kringel etwas braun werden, den Wein zugießen, die Hitze auf hohe Stufe stellen und 4–5 Minuten kochen.
4. Passata hinzugeben, die Hitze auf niedrige Stufe verringern und 1 ½–2 Stunden leise kochen lassen; gelegentlich umrühren und aufpassen, dass die Soße nicht anbrennt.
5. Direkt vor dem Servieren in einem großen Topf Salzwasser zum Kochen bringen, Pasta hineingeben und gemäß Packungsanweisung kochen.
6. Pasta abgießen und vorsichtig zur Soße geben, vermischen. Die nun geronnene Milch aus 3 oder 4 Darmkringeln ausdrücken, damit die Soße andickt und extra Aroma bekommt.
7. Mit Pecorino bestreuen und verrühren; dann mit extra Käse bestreuen und servieren.

VON **ANGELO PREZIOSI**

Lingua con Salsa verde

Zunge mit grüner Soße

Bevor ich nach Rom zog, hatte ich nie Zunge probiert. Ein Kellner in einem namhaften Restaurant der römischen Innereien-Hochburg Testaccio überzeugte unsere Gruppe von einer Verkostung. Sie wurde mit einer absolut leckeren Salsa verde serviert, meine Vorbehalte waren beschwichtigt und ich erinnere mich, dass ich bei mir dachte, na ja, zumindest kann ich sagen, dass ich Zunge gegessen habe! Angelo meint, er bereite sie normalerweise auf die traditionelle Art zu, man könne aber auch dünne Scheiben Zunge mit knackigem eingelegtem Gemüse zu einer Art Salat kombinieren. Am liebsten isst er Zunge in der weichen Pizza-bianca-Tasche, als Trapizzino.

Für 4–6 Portionen

1 Kalbszunge, ca. 800 g
1 Stange Staudensellerie, in große Stücke geschnitten
1 Zwiebel, halbiert
1 Karotte, halbiert
2 EL Salz
2 EL ganze schwarze Pfefferkörner

Salsa verde
1 Bund Blattpetersilie, grob gehackt
1 hart gekochtes Eigelb
1 Knoblauchzehe
Salz und schwarzer Pfeffer aus der Mühle
30 g Weißbrot
60 ml Weißweinessig
100 ml Olivenöl nativ extra

1. Die ganze Zunge mit Sellerie, Zwiebel, Karotte, Salz und Pfefferkörnern in einen großen Topf geben. Mit kaltem Wasser bedecken und zum Kochen bringen. 1–1 ½ Stunden leise köcheln lassen oder bis sie gar ist. Für die Garprobe mit einer Gabel seitlich in das dicke Ende der Zunge stechen; die Zunge ist fertig, wenn sie leicht von der Gabel gleitet.
2. Wenn die Zunge gekocht, aber noch warm ist, die Haut entfernen. Abkühlen lassen, dann in ca. 1 cm dicke, servierfertige Stücke schneiden.
3. In der Zwischenzeit die Salsa verde zubereiten. Petersilie, Eigelb und Knoblauch in eine Schüssel geben. Mit etwas Salz und schwarzem Pfeffer würzen. Das Brot kurz in Essig einweichen und auspressen, um überschüssige Flüssigkeit zu entfernen, dann ebenfalls in die Schüssel geben. Mit einem Pürierstab alles miteinander verarbeiten und nach und nach das Olivenöl hineinträufeln. Sollte die Soße zu wässrig sein, noch etwas Brot hinzufügen.
4. Die Zunge mit der Salsa verde beträufeln und servieren.

VIA
DELLE PASTE

»Rom ist die Stadt der Echos, die Stadt der Illusionen
und die Stadt der Sehnsucht.«

GIOTTO DI BONDONE

Specialità Estere

LA PASTICCERIA

La Pasticceria, die Konditorei vor Ort, hat in Italiens gesellschaftlicher und kulinarischer Kultur immer eine wichtige Rolle gespielt. Am Sonntagmorgen muss man dort feines Gebäck kaufen und der Mamma (und besonders der Schwiegermutter, der Suocera!) zum Mittagessen mitbringen. Selten habe ich eine Mahlzeit erlebt, die nicht mit etwas Süßem beschlossen wurde, und recht oft bringe ich einige kleine Küchlein – Pasticcini oder Mignon (gemeinhin als italienisches Wort benutzt, aber aus dem Französischen stammend) – mit, wenn ich bei Freunden zum Mittag- oder Abendessen eingeladen bin.

In La Pasticceria kauft man Kuchen oder alles Mögliche von Schokolade bis zu Keksen, Nougat und sogar herzhafte Tartes nach Gewicht. Ja, man wählt sich etwas aus, der Verkäufer wiegt es und nennt den Betrag entsprechend dem festgelegten Preis pro Gramm. Dann folgt mein Lieblingsteil: die wunderschöne Verpackung, die es in Konditoreien in ganz Italien gibt. Ein Kuchen kann in einer hübschen Schachtel sein, kleine Kuchen oder Kekse werden normalerweise auf Einwegtabletts arrangiert, ein Pappbogen wird darübergestülpt (damit es nicht zu einer Papier-berührt-Kuchen-Situation kommt), und nun wird das Tablett mit Papier, Band und allem Pipapo eingepackt.

Als unheilbare Naschkatze bin ich, so könnte man sagen, in meiner Pasticceria Stammgast. Die Besitzerin der Pasticceria Tevere, Signora Vera, gehört zu den Römerinnen, die mir am meisten gefallen. Sie ist sehr geradeheraus und besitzt einen Sinn für extrem trockenen Humor. Es hat etwas gedauert, doch sie ist mir gegenüber aufgetaut.

Bei einem meiner ersten Besuche in ihrem Geschäft kaufte ich eine Auswahl kleiner Gebäckstücke, um sie unterwegs zu essen. Ich konnte mich nicht entscheiden zwischen Gebäck mit Crema (Creme) oder mit Panna (Sahne). Als ich einige mit Creme ausgesucht hatte, entschied ich mich sofort um und fragte, ob ich eines umtauschen konnte. Dann bat ich, noch eines umzutauschen. An diesem Punkt sagte sie ganz unumwunden – und so, dass die ganze Konditorei voller Menschen es hören konnte – in ihrem breiten römischen Dialekt: Ao, se semmo capiti. A te piac a panna! (»Ich hab's kapiert, Mädchen, du magst Schlagsahne!«)

Das war der erste von vielen lustigen Momenten, und ich schaue mindestens ein- oder zweimal (okay, vielleicht sogar dreimal) pro Woche vorbei und kaufe ein Mignon (oder zwei), natürlich mit Schlagsahne! Sie ist nun immer seltener im Laden, aber ihre Schwiegertochter Chiara hält das Geschäft am Laufen.

Rund um le Feste (Feiertage) türmen sich in römischen Konditoreien und Bäckereien die besonderen Süßwaren, denn in Italien hat jede Feierlichkeit eigene süße Traditionen.

Zu Ostern und zu Weihnachten wird man kunstvoll verpackte Ostereier und Panettone (ein traditioneller italienischer Kuchen mit Trockenfrüchten) in der Auslage des Geschäfts oder als Dekoration aufgehängt finden.

Wenn es auf Ostern und den Carnevale zugeht, sind in Italien die Pasticcerien voll mit Frappe oder Castagnole, mit den jeweiligen regionalen Varianten, die es im ganzen Land gibt. Frappe sind dünne Gebäckstreifen, gebacken oder frittiert und mit Puderzucker bestäubt. In anderen Teilen Italiens heißen sie Crostoli oder Chiacchere. Castagnole sind im Grunde Teigbällchen wie kleine runde Donuts, die in Zucker gerollt und bisweilen mit Creme oder Ricotta gefüllt werden. Der Gedanke ist: so viel schwelgen, wie man will, und zwar bis 40 Tage vor Ostern, denn dann beginnt die Fastenzeit.

Meine Lieblingszeit im Jahr ist um den italienischen Vatertag oder la Festa di San Giuseppe (Josefstag), was oft mit dem Carnevale zusammenfällt. Er wird am 19. März begangen, doch in den Wochen davor gibt es Zeppole oder Bignè di San Giuseppe (frittierte oder gebackene Donuts und Brandteigteilchen mit frischer Cremefüllung). Die Zeppole sind immer mit Amarene (Sauerkirschen) gekrönt und einfach unwiderstehlich.

Die Süßspeisen unterscheiden sich in Rom nicht so übermäßig von denen in anderen Landesteilen. Dinge wie Tiramisu und Pannacotta überschreiten nun regionale Grenzen und sind im ganzen Land erhältlich. Eines jedoch werden Sie immer in Pasticcerien in ganz Rom finden, und das ist das Maritozzo. Dieser römische Klassiker ist nicht einfach nur ein mit Sahne gefülltes Brötchen, sondern der Stolz der Stadt.

VON **ANTICO FORNO ROSCIOLI**

Maritozzo con Panna

Süße Sahnebrötchen

In Rom begegnet man allen klassischen italienischen Desserts, das Maritozzo wird aber wohl mit am meisten geliebt und geschätzt, denn viele Einheimische werden Ihnen sagen, es schmecke nach Nostalgia! Früher war Maritozzo das Frühstück schlechthin, mittlerweile wurde es vom Cornetto verdrängt, Italiens Croissant-Variante, die oft mit Marmelade oder Creme gefüllt ist. Heute aber ist es wieder in Mode. Ganz häufig sieht man Römer nach einer langen Partynacht in den frühen Morgenstunden in der Nähe von lange geöffneten Bäckereien ein Maritozzo verspeisen. Der Name hat eine charmante Konnotation – er bedeutet »fast verheiratet« und man sagt, dass junge Männer ihren zukünftigen Bräuten welche schenken.

Dieses Rezept stammt von Roms führender Bäckerei, dem Antico Forno Roscioli. Seit 1972 backt sie Brot für die Stadt, und zwar an einem Ort, der, wie es heißt, schon seit 1824 eine Bäckerei ist. Das Gebäck geht 24 Stunden lang, das Ergebnis ist es jedoch wert.

Ergibt ca. 15 Stück

500 ml Schlagsahne
Puderzucker zum Bestäuben

Brötchen

65 g feinster Zucker
Schale von 1 Zitrone, fein gerieben
½ Vanilleschote
1 Ei und 1 Eigelb
2 TL frische Hefe
500 g weißes Allzweckmehl Type 012
250 ml Wasser
65 g Margarine
1 TL Salz

Zuckerguss

1 Eiweiß
1 TL Zitronenwasser
200 g feinster Zucker
100 ml Wasser

1. Für die Brötchen Zucker und Zitronenschale in eine Schüssel geben. Vanilleschote längs halbieren und mit einem Teelöffel sorgfältig das Mark in die Schüssel kratzen. Vermengen und beiseitestellen. In einer separaten Schüssel Ei und Eigelb leicht verquirlen, dann die frische Hefe hinzugeben.
2. Mehl in eine große Schüssel oder in die Schüssel eines elektrischen Standmixers mit eingesetztem Knethaken sieben. Nach und nach das Wasser mit dem Mehl vermengen; dabei in stetigem Strom gießen, bis alles gut vermischt ist. Zuckergemisch und Hefegemisch hinzugeben, dann Margarine und Salz. Mit niedriger Geschwindigkeit oder mit den Händen gründlich verkneten, bis der Teig glatt verarbeitet und elastisch ist. In eine saubere Schüssel umfüllen, mit Frischhaltefolie abdecken und im Kühlschrank 24 Stunden gehen lassen.
3. Den aufgegangenen Teig auf eine saubere, gut bemehlte Fläche geben und 15–20 ovale Kugeln zu je ca. 60 g daraus formen. Auf ein mit Backpapier ausgelegtes Backblech legen und ca. 1 Stunde an einen warmen Ort stellen.
4. Den Ofen auf 200 °C Ober-/Unterhitze (Umluft: 180 °C) vorheizen. Sobald die Brötchen ihr Volumen verdoppelt haben, werden sie 15 Minuten gebacken oder bis sie golden sind. Aus dem Ofen nehmen und zum Abkühlen auf ein Kuchengitter legen. In dieser Zeit Guss und Schlagsahne zubereiten.
5. Für den Zuckerguss das Eiweiß leicht mit Zitronensaft und Zucker verquirlen. In einen kleinen Topf umfüllen, Wasser hinzugeben und auf mittlerer Stufe 5 Minuten kochen, dabei gründlich weiterrühren.
6. Die etwas abgekühlten Brötchen mit dem Zuckerguss einpinseln.
7. Sobald die Brötchen vollständig erkaltet sind, in einer Schüssel die Sahne schlagen. Brötchen in der Mitte längs ein-, aber nicht durchschneiden, sodass sie etwas aufgeklappt werden können. Mit Sahne füllen und mit Puderzucker bestäuben.
8. Ungefüllt halten sich die Brötchen in einem luftdichten Behälter einige Tage. Am besten füllt man sie nur zum sofortigen Verzehr, denn sonst werden sie matschig.

VON **CARLA TOMASI**

Cassola

Käsekuchen

Die Geschichte besagt, dass, während jüdische Gemeinden in Norditalien überbackene Käse-Sandwiches mit Zucker und Zimt bestreuten, römische Juden im 16. Jahrhundert mit Ricotta große, pfannkuchenartige Süßspeisen zubereiteten. Abgeleitet vom römischen Dialektwort für Käse, casio (heute cacio), nannten sie sie Casciola. Wie die Süßspeise entwickelte sich auch der Name und wurde la Cassola, eine Art Käsekuchen.

Dieses Rezept habe ich von Carla Tomasi bekommen, einer außergewöhnlich talentierten Bäckerin und Kochlehrerin. Sie sagt, la Cassola profitiere wie alle Käsekuchen von einem Ruhetag, vor allem, wenn man Kuhmilchricotta statt des traditionellen Schafsmilchricotta verwendet, denn er ist feuchter. Backen Sie ihn also einen Tag im Voraus, wenn die Zeit es erlaubt, und lassen sie ihn über Nacht ruhen.

Für 6–8 Portionen

650 g Kuh- oder Schafsmilchricotta
Butter zum Einfetten
Mehl zum Bestäuben
5 Eier
300 g Zucker
Schale von 1 Zitrone, fein abgerieben
Puderzucker zum Bestäuben

1. Am Vortag oder einige Stunden vor dem Backen den Ricotta in ein feinmaschiges Sieb oder ein mit Backpapier ausgelegtes Nudelsieb geben und abtropfen lassen.
2. Den Rand einer hohen Springform (ø 22 cm) mit Butter einfetten. Backpapier einfetten und den Boden der Form damit auslegen. Das Innere der Form leicht bemehlen; überschüssiges Mehl ausklopfen. So bekommt der Kuchen eine feine Kruste.
3. Den gut abgetropften Ricotta durch ein Sieb streichen oder im Mixer zu einer glatten Masse schlagen. In eine große Schüssel füllen.
4. Den Ofen auf 200 °C Ober-/Unterhitze (Umluft: 180 °C) vorheizen.
5. Mit einem elektrischen Standmixer oder in der Küchenmaschine Eier, Zucker und Zitronenschale aufschlagen, bis die Masse ihr Volumen verdreifacht hat.
6. Nun ⅓ der Eimasse auf den Ricotta geben und mit einem Schneebesen leicht verquirlen, um die Textur aufzulockern. Wenn der Ricotta cremig aussieht, mit einem Löffel behutsam die restliche Eimasse unterheben und aufpassen, dass die Luft nicht herausgeschlagen wird. Die Konsistenz sollte flüssig und luftig sein.
7. Das Gemisch in die vorbereitete Kuchenform gießen und 10 Minuten backen, dann die Ofentemperatur auf 160 °C verringern und weitere 30–40 Minuten backen. Der Kuchen ist fertig, wenn er sich soeben fest anfühlt, aber noch ein wenig »wackelt«.
8. Ofen ausschalten, Tür öffnen und den Kuchen 20 Minuten sich setzen lassen.
9. Mindestens einige Stunden warten, dann leicht mit Puderzucker bestäuben und servieren oder über Nacht in den Kühlschrank stellen und am nächsten Tag servieren.

CAFFÈ E DIGESTIVI

Nichts klingt so sehr nach Italien wie Caffè. Die Küche verändert sich von Stadt zu Stadt, von Region zu Region, Kaffee jedoch ist der rote Faden, der alle Italiener zusammenbringt. Das soll nicht heißen, dass Kaffee überall gleich wäre oder dass er nicht die Basis für rigorose Diskussionen ist, doch wenn es eines gibt, auf das sich Italiener einigen können, dann ist es il Caffè. Sie streiten über Fußball, Politik und die Anzahl der Eier für die perfekte Carbonara, doch beim Kaffee sind sich plötzlich alle einig. Es ist ein uraltes und heiliges Ritual, das sie bis aufs Blut verteidigen.

Römer kochen ihren Kaffee zu Hause mit der klassischen Schraubkanne (oder Caffettiera, wie Italiener sie auf der ganzen Welt nennen). In der Bar gibt es Kaffee in allen Formen und Größen. Es gibt Cappuccino, kurz, lang, Macchiato mit heißer Milch, Macchiato mit kalter Milch; die Liste ist lang. Im Sommer hat man sogar noch größere Auswahl: Cappuccino freddo, Macchiato freddo und das berühmte Grattechecca. Dies ist ein Getränk aus handgeschabtem Eis, serviert mit einem aromatisierten Sirup nach Wahl. Die Kaffee-Variante ähnelt einer Granita und dazu gibt es Panna (Sahne). Erfrischend im stickigen römischen Sommer! Man bekommt es an Straßenständen in der ganzen Stadt, auch bei einigen bekannten am Tiberufer. Zu dieser Jahreszeit fällt es schwer, an einer Crema del Caffè (oder Caffè del Nonno) vorbeizugehen, einer cremigen Köstlichkeit mit gefrorenem Kaffee.

Angelo Severini ist Barmanager und Barista im Rome Cavalieri, einem Waldorf-Astoria-Hotel, und weiß so einiges über Kaffee. Er sagt, Kaffeetrinken sei für Italiener wie ein religiöses Ritual, jedoch eines, das zu jeder Zeit des Tages stattfindet. »Italienischer Kaffee ist immer Espresso, und wir trinken ihn aus einer Keramiktasse oder einem Glas.«

Meine hiesige Bar – denn jede Italienerin und jeder Italiener hat eine – steht für den Anblick, die Gerüche und die Klänge Italiens. Wenn ich am Tresen stehe und die Augen schließe, höre ich die Kaffeemaschine brodelnd zischen, Tassen und Untertassen klappern und ich kann dieses starke Aroma riechen. Kaffee und Frühstück nimmt man hier am Tresen im Stehen zu sich (der Tischservice kostet zusätzlich).

Italienisches Frühstück besteht nicht aus Schinken und Eiern, sondern aus Kaffee und einem Cornetto (das ist die italienische Version eines Croissants). Es ist auch ein Treffpunkt, in gewisser Weise wie die Piazza. Doch bei der Kaffeezeit geht es nicht um langes Verweilen, wie man es bei einem Nachmittagstee oder beim Brunch tun würde. Man trinkt den Kaffee in einem Schwupp, grüßt hierhin und dorthin und geht wieder.

Italiener beginnen den Tag mit Kaffee und selten beschließt man eine Mahlzeit ohne diesen. Das Essen hat in Italien eine bestimmte Abfolge. Im Anschluss gibt es vielleicht ein Dessert, aber niemals Kaffee und Dessert zusammen. Den Kaffee bestellt man als Letztes. Eines aber kommt noch danach, der Digestivo oder Amaro. Dies ist ein Verdauungslikör oder Bitter – amaro bedeutet im Italienischen bitter, denn das ist er meistens. An der Amalfiküste beendet man das Essen eventuell mit einem Limoncello oder in Sizilien mit einem Passito (ein süßer Likörwein, ähnlich wie Portwein). In Rom trinkt man einen Amaro oder gar einen Grappa (Brandy in italienischem Stil). Allen schreibt man eine heilsame Wirkung zu, und Italiener glauben fest daran, dass sie die Verdauung unterstützen.

Ich trinke übrigens weder Kaffee noch Amaro. So, jetzt ist es heraus. (Ich trinke auch kein Bier, und somit bin ich als Italo-Australierin eine nationale Schande für zwei Länder!) Für mich kann es in der Bar also etwas seltsam werden, wenn Freunde oder Kollegen mich einladen; lediglich im Sommer trinke ich einen Cappuccino freddo. Ich habe sehr früh gelernt, dass Tee nicht infrage kommt; in der Bar hat niemand Zeit für diesen langwierigen Prozess. Ich habe mich schließlich für frisch gepressten Saft entschieden, den man in ziemlich jeder Bar in Italien bekommt, und dies ist ein weiterer Grund, warum ich dieses Land so liebe.

Da den Italienern Kaffee und Digestivi nun so heilig sind, können Sie sich meine hochnotpeinliche Lage am Ende des ersten Abendessens vorstellen, das ich für römische Freunde gab. Sie schienen alle dazusitzen und auf etwas zu warten. Ich hatte den Kaffee und den Amaro vergessen! Das werden sie mir bis in alle Ewigkeit unter die Nase reiben, und dieser grobe Fehler wird mir mit Sicherheit nicht noch einmal passieren.

BAR

VON **TONI BRANCATISANO**

Le Frappe

Süße Gebäckstreifen

Le Frappe gehen angeblich auf das antike Rom zurück. Man findet sie während des Carnevale in Gebäckläden, Bäckereien, Supermärkten und Haushalten in ganz Rom. In dieser Zeit darf man sich mit Kohlenhydraten in jeglicher Form buchstäblich vollstopfen, bevor dann die Fastenzeit vor Ostern beginnt. In Australien kannte ich dieses Gebäck als Crostoli. Der Name kann zwar in Italien überall anders lauten – Crostoli, Chiacchiere, Bugie, Sfrappole, Frappe –, doch es sind überall die gleichen lecker frittierten und mit viel Puderzucker bestreuten, süßen Gebäckstreifen. Dies ist das Rezept meiner Freundin Toni und es wird Ihnen schwerfallen, nach einem Stück aufzuhören, denn sie sind so süß und knusprig.

Ergibt ca. 80 Stück

500 g Mehl plus etwas mehr zum Bestäuben
6 g (oder gut 1 TL) Backpulver
80 g Zucker
3 ganze Eier und 1 Eigelb, etwas verquirlt
2 EL Grappa
Schale von 1 Zitrone, fein abgerieben
1 Prise Salz
50 g Butter, Zimmertemperatur
Pflanzenöl zum Frittieren
Puderzucker zum Bestäuben

1. Mehl und Backpulver in die Schüssel eines elektrischen Standmixers sieben. Zucker, verquirlte Eier und Eigelb, Grappa, Zitronenschale und Salz hinzugeben. Gründlich miteinander vermengen, dann die Butter dazugeben und mit dem Knethaken zu einem Teig verarbeiten.
2. Teig auf eine saubere, leicht bemehlte Fläche geben und mit den Händen ca. 10 Minuten kneten oder bis er geschmeidig ist. Ist das Gemisch zu trocken, etwas Wasser hinzugeben. Zu einer Kugel rollen, mit Frischhaltefolie abdecken und 30 Minuten bei Zimmertemperatur ruhen lassen.
3. Teig in 4 Portionen aufteilen. 3 Portionen mit Frischhaltefolie abdecken, damit sie nicht austrocknen. Eine Pastamaschine auf dem Tisch oder der Arbeitsfläche aufbauen. Die vierte Teigportion kneten und mit einem Nudelholz etwas flach ausrollen, dann den Teig bei weitester Einstellung durch die Pastamaschine laufen lassen. Den Teig dreilagig zusammenfalten und wieder durch die Maschine laufen lassen. Teig weiter durch die Maschine laufen lassen und den Knopf jedes Mal eine Stufe höherstellen, bis die dünnste Einstellung erreicht ist. Wer keine Pastamaschine hat, rollt den Teig von Hand aus und achtet darauf, dass er sehr dünn wird.
4. Mit einem Zickzack-Teigschneider den Teig in ca. 3 × 10 cm große Streifen schneiden. Jeden Streifen in der Mitte längs einschneiden. Ein Ende durch diesen Schlitz führen (oder die Streifen einfach flach lassen, wenn man das lieber mag). Streifen auf eine bemehlte Fläche legen und diesen Prozess mit den übrigen Teigportionen wiederholen.
5. Wenn alle Frappe vorbereitet sind, diese etwas ruhen lassen und währenddessen in einem großen Topf mit schwerem Boden viel Pflanzenöl auf ca. 180 °C erhitzen (Kochthermometer). Zügig 3 Frappe in das heiße Öl geben und ca. 1–2 Minuten frittieren oder bis sie golden sind; mit einem Schöpflöffel wenden, damit sie eine gleichmäßige Farbe bekommen. Herausnehmen und auf Papiertüchern abtropfen lassen. Die restlichen Frappe auf dieselbe Art frittieren, dann abtropfen und abkühlen lassen.
6. Mit Puderzucker bestreuen und servieren. Die Frappe halten sich in einem luftdichten Behälter und bei Zimmertemperatur bis zu 2 Wochen.

Castagnole

Frittierte Teigbällchen

Ich liebe den Carnevale in Rom. Tatsächlich gibt es in dieser dekadenten, fast schon sündigen Zeit des Jahres in ganz Italien Süßes in Hülle und Fülle. Man wird im Grunde nicht verurteilt, wenn man so viele Castagnole verputzt, wie man möchte, denn – so lautet der Gedanke dahinter – sobald die Fastenzeit anbricht, ist die Zeit gekommen, allen zuckrigen Versuchungen zu widerstehen.

Wälzen Sie die Castagnole sofort in Zucker, wenn sie aus dem Topf kommen, und essen Sie sie schön heiß.

Ergibt 35–40 Stück

45 g weiche Butter
50 g feinster Zucker sowie Zucker zum Bestäuben (optional)
2 Eier
2 EL Milch
Schale von 1 Zitrone, fein abgerieben
2 TL Backpulver
1 Prise Salz
250 g Allzweckmehl
Pflanzenöl zum Frittieren
Puderzucker zum Bestäuben (optional)

1. In einer großen Schüssel mit einem Löffel weiche Butter und feinsten Zucker aufschlagen. Eier einzeln hinzugeben und gründlich vermengen, bevor das nächste Ei hinzukommt.
2. Milch, Zitronenschale, Backpulver und Salz hinzugeben, dann nach und nach das Mehl, bis ein geschmeidiger, weicher Teig entstanden ist. In Frischhaltefolie einwickeln und 30 Minuten ruhen lassen.
3. Mit einem Teelöffel kleine Stücke vom Teig abnehmen, die zu Bällchen gerollt werden können. Besonders gleichmäßig müssen sie nicht sein, aber nicht zu groß, denn sonst ist das Innere womöglich nicht durchgebacken.
4. Einen kleinen, hohen Topf mit schwerem Boden zur Hälfte mit Pflanzenöl füllen und dieses auf ca. 170 °C (Kochthermometer) erhitzen. Möchte man die heißen Castagnole in feinem Zucker wälzen, diesen auf einem Teller verteilen.
5. Die Teigbällchen portionsweise in das heiße Öl geben und ca. 3–5 Minuten ausbacken oder bis sie golden sind; dabei mit einem Schöpflöffel bewegen, damit sie gleichmäßig Farbe bekommen. Schließlich mit dem Schöpflöffel herausnehmen.
6. Wenn sie in feinstem Zucker gewälzt werden sollen, sofort hineingeben, damit der Zucker an der soeben frittierten Oberfläche haftet. Alternativ abkühlen lassen und mit Puderzucker bestäuben.

»Ein Tor, wer andere Städte bewundert und Rom nicht besucht.«

FRANCESCO PETRARCA

VON **ANTICO FORNO ROSCIOLO**

Castagnole con Crema

Teigbällchen mit Cremefüllung

Die Version dieser mit Creme gefüllten und mit Zucker bestäubten frittierten Teigbällchen stammt vom Antico Forno Roscioli, wo man während des Carnevale die Römer in kleinen Gruppen vor dem Geschäft stehen und Castagnole essen sieht. In Rom kann man sie in der Pasticceria vorgebacken kaufen, doch es ist gar nicht so schwer, sie zu Hause selbst zuzubereiten. Lassen Sie sie abkühlen, bevor sie mit Crema gefüllt werden, und geben Sie vor dem Servieren großzügig Puderzucker darauf.

Ergibt ca. 20 Stück

Pflanzenöl zum Frittieren
Puderzucker zum Bestäuben

Teig
250 ml Wasser
100 g Butter
150 g Allzweckmehl
4 Eier
1 Prise Salz

Konditorcreme
8 Eigelb
200 g Zucker
40 g Maisstärke
400 ml Milch
100 ml frische Sahne
1 Vanilleschote
Schale von ½ Orange, in dicke Streifen geschnitten

1. Für den Teig Wasser und Butter in einem Topf auf mittlerer Stufe erhitzen. Sobald das Gemisch kocht, vom Herd nehmen und das Mehl mit einem Schneebesen einrühren.
2. Topf wieder auf den Herd stellen und weitere 5 Minuten kochen; mit einem Spatel umrühren, bis sich ein Teig bildet, der sich einfach von der Topfwand löst.
3. Vom Herd nehmen und das Gemisch auf Zimmertemperatur abkühlen lassen, dann in die Schüssel eines elektrischen Standmixers geben. Behutsam verarbeiten – und nach und nach Eier sowie Salz hinzugeben –, bis ein geschmeidiger, elastischer Teig entstanden ist.
4. In einem großen Topf mit schwerem Boden viel Pflanzenöl auf ca. 170 °C (Kochthermometer) erhitzen.
5. Währenddessen das Teiggemisch in eine Spritztüte füllen. Einen Bogen Backpapier in 20 einzelne Quadrate (10 × 10 cm) schneiden. Teig kreisförmig (ø 5 cm) auf die Papierquadrate spritzen. 3–4 Teigkreise einzeln in das kochende Öl gleiten lassen; das Papier müsste sich nach einigen Sekunden leicht ablösen. Castagnole portionsweise 2–3 Minuten frittieren, bis sie golden sind; dabei mit einem Schöpflöffel wenden. Sie müssten sich aufblähen, sobald sie auf das heiße Öl treffen. Auf Papiertüchern abtropfen und abkühlen lassen.
6. Während die Castagnole abkühlen, die Konditorcreme zubereiten. Eigelb und Zucker aufschlagen, bis die Masse cremig ist. Nach und nach Maisstärke und etwas von der Milch zugeben, bis eine glatte Paste entstanden ist. Beiseitestellen.
7. Restliche Milch und Sahne in einen Topf geben. Vanilleschote längs aufschneiden, das Mark herauskratzen und mit der Schote in den Topf geben. Orangenschale hinzugeben. Vorsichtig zum Kochen bringen, dann abseihen, um Vanilleschote und Orangenschale zu entfernen.
8. Aromatisierte Milch wieder in den Topf geben und das aufgeschlagene Eigelbgemisch einrühren. Auf mittlerer Stufe 4–5 Minuten lang stetig umrühren oder bis die Creme allmählich dick wird. Wenn sie dick, geschmeidig und glänzend ist, vom Herd nehmen und mit Plastikfolie abgedeckt abkühlen lassen.
9. Die erkaltete Konditorcreme in eine Spritztüte füllen. In die Castagnole ein Loch stechen und die Creme hineinspritzen. Mit Puderzucker bestäuben und servieren.

Anmerkung: Castagnole verzehrt man am besten sofort, bevor sie matschig werden. Ansonsten zum Auffrischen direkt vor dem Servieren nochmals mit Puderzucker bestreuen, wie es auch in römischen Pasticcerien gemacht wird.

VON **GINA TRINGALI**

Zeppole di San Giuseppe

Gina Tringali ist eine erfolgreiche italienisch-amerikanische Food-an-Travel-Autorin. Sie lebt in Rom und ist Miteigentümerin des Reiseveranstalters Casa Mia Italy Food & Wine. Sie kennt sich also aus mit Essen und Wein! Bei Gina ruft dieses Rezept starke Erinnerungen an Familienessen wach. Ihre Familie hat Verbindungen nach Neapel, und sie hat diese Küchlein in der Küche ihrer Nonna am Fest des San Giuseppe (Josefstag) zubereitet, dem Vatertag in Italien. Diese göttlichen, mit Creme gefüllten Krapfen werden traditionell mit ein paar Sauerkirschen oder Traubenkirschen belegt und großzügig mit Puderzucker bestäubt serviert. Man kann sie auch im Ofen backen, aber woran ich nie vorbeigehen kann, das sind die frittierten. Traditionell sind sie eher neapolitanisch, aber um Vatertag und Carnevale herum findet man sie auch in Rom, neben der römischen Version, den Bigné.

Ergibt ca. 16–20 Stück

Pflanzenöl zum Frittieren

80 g Sauerkirschen in Sirup

Puderzucker zum Bestäuben

Konditorcreme

500 ml Milch

Schale von 1 Zitrone, in große Streifen geschnitten

4 Eier

180 g Zucker

75 g Allzweckmehl

Teig

350 ml Wasser

1 EL Zucker

80 g Butter, gewürfelt

1 EL Brandy

1 Prise Salz

185 g Allzweckmehl

5 Eier

Puderzucker zum Bestreuen

1. Für die Konditorcreme Milch in einem Topf zum Kochen bringen. Zitronenschalenstreifen hineingeben, vom Herd nehmen, Deckel auflegen und mindestens 30 Minuten zum Aromatisieren beiseitestellen.
2. In einer Schüssel Eier und Zucker verquirlen, dann nach und nach das Mehl zugeben und gründlich verrühren. Das Gemisch zur aromatisierten Milch geben und erneut aufkochen; dabei ständig rühren, bis sich die Zutaten verbunden haben und das Gemisch dick und klümpchenfrei ist. Zitronenschale herausnehmen und Creme abkühlen lassen.
3. Für den Teig Wasser, Zucker, Butter, Brandy und 1 Prise Salz in einem Topf verrühren. Erhitzen und unter ständigem Umrühren mit einem Holzlöffel oder Quirl zum Kochen bringen.
4. Vom Herd nehmen, Mehl hinzugeben und einarbeiten, bis es sich mit dem Rest verbunden hat, dann den Topf wieder auf mittlerer bis niedriger Stufe aufsetzen und ca. 5 Minuten umrühren, bis der Teig geschmeidig ist und sich von der Topfwand löst.
5. Vom Herd nehmen und das Gemisch abkühlen lassen. In die abgekühlte Masse die Eier einzeln hinzugeben und alles zu einem weichen Teig vermengen.
6. In einem hohen Topf mit schwerem Boden viel Pflanzenöl auf ca. 180 °C erhitzen (Kochthermometer).
7. Während das Öl heiß wird, den Teig in eine Spritztüte mit 12–14 mm großer Sterntülle füllen. Backpapier in 16–20 einzelne 10 × 10 cm große Quadrate schneiden, dann den Teig in Form eines runden Krapfens auf die Quadrate spritzen.
8. Teig und Papier vorsichtig ins heiße Öl gleiten lassen; immer 2 Stück zugleich, damit der Topf nicht zu voll wird. Sobald der Teig frittiert wird, löst sich das Papier und kann mit einem Schöpflöffel herausgefischt werden. Die Zeppole von beiden Seiten je ca. 3 Minuten frittieren oder bis sie golden und aufgebläht sind.
9. Auf Küchenpapier abtropfen und dann abkühlen lassen, während die restlichen Zeppole frittiert werden. Vollständig erkalten lassen.
10. Die erkaltete Konditorcreme in die Mitte der Zeppole spritzen. Jedes Stück mit 2 oder 3 Kirschen belegen und mit Puderzucker bestreuen. Am besten schmecken die Zeppole ganz frisch, sie halten sich in einem luftdichten Behälter im Kühlschrank jedoch in etwa 1 Tag.

VON **GINA TRINGALI**

Bignè di San Giuseppe

Bignè sind die römische Version der neapolitanischen Zeppole. Während die Zeppole die Form eines Krapfens haben, sind Bignè rund, wie große Profiteroles. Man kann sie backen oder frittieren, und wie Zeppole sind sie mit einer köstlichen Konditorcreme gefüllt. Gina erzählt, dass alle Italiener, was nicht überrascht, leicht voneinander abweichende Varianten haben.

Römer bereiten Bignè zum Vatertag selbst zu, aber beschränken Sie sich nicht selbst auf einen Tag im Jahr, denn sie sind einfach unwiderstehlich.

Ergibt 20 Stück

Pflanzenöl zum Frittieren

Puderzucker zum Bestäuben

Teig

250 ml Wasser

80 g Butter

1 Prise Salz

130 g Allzweckmehl

2 Eier und 1 Eigelb

1 EL Zucker

fein geriebene Schale von ½ Zitrone

Konditorcreme

500 ml Milch

Schale von 1 Zitrone, in große Streifen geschnitten

4 Eigelb

180 g Zucker

75 g Allzweckmehl

1. Für den Teig Wasser, Butter und Salz in einem Topf auf mittlerer Stufe zum Kochen bringen. Sobald das Gemisch zu kochen beginnt, vom Herd nehmen und Mehl hineinquirlen, bis sich alles verbindet.
2. Topf wieder auf den Herd stellen und ständig mit einem Spatel umrühren, bis sich das Gemisch von der Topfwand löst. Vom Herd nehmen und auf Zimmertemperatur abkühlen lassen.
3. In das erkaltete Gemisch Eier und dann das Eigelb einzeln einrühren. Stetig rühren, bis sie gut in den Teig eingearbeitet sind. Nun Zucker und abgeriebene Zitronenschale hinzufügen und gründlich vermengen; der Teig wird recht klebrig. Abdecken und beiseitestellen.
4. Für die Konditorcreme die Milch in einem Topf zum Kochen bringen. Zitronenschalenstreifen hineingeben, vom Herd nehmen, abdecken und zum Aromatisieren beiseitestellen.
5. In einer Schüssel Eigelbe und Zucker verquirlen, dann nach und nach das Mehl hinzufügen; vermengen, bis sich alles gut verbunden hat. Das Gemisch nach und nach zur aromatisierten Milch geben und den Topf wieder auf mittlerer bis hoher Stufe aufsetzen, damit die Masse eindickt. Ständig rühren, bis sie cremig und dick ist. Zitronenschalenstreifen herausnehmen, abdecken und beiseitestellen.
6. Zum Frittieren der Bignè in einem großen Topf mit schwerem Boden viel Pflanzenöl auf ca. 170 °C erhitzen (Kochthermometer).
7. Einen Löffel Teigmischung abnehmen, mit einem zweiten Löffel zu einer Kugel formen und diese vorsichtig ins heiße Öl geben. Das Bignè wird sich aufblähen, sobald es auf das heiße Öl trifft. Weitere Bignè ins Öl geben, bis der Topf voll ist, aber nicht überfüllt. 2–3 Minuten frittieren oder bis sie golden sind, dabei behutsam mit einem Schöpflöffel drehen und wenden, damit sie eine gleichmäßige Farbe bekommen. Aus dem Öl nehmen und auf Küchenpapier abtropfen lassen. Weiterarbeiten, bis alle Bignè frittiert sind, und vollständig erkalten lassen.
8. Eine Spritztüte mit der erkalteten Konditorcreme füllen. Bignès mit einem Loch versehen und die Creme hineinspritzen. Mit Puderzucker bestäuben und servieren. Frisch schmecken sie am besten, halten sich in einem luftdichten Behälter jedoch in etwa 1 Tag.

A CASA

Viele Food-Expert oder Menschen in Italien werden Ihnen sagen, der Haupteinfluss auf die Küche vom Norden bis zum Süden komme vom Markt oder vom Bauernhof. Tja, da liegen sie falsch. Italienische Essgewohnheiten und Traditionen werden zu Hause geboren – a Casa. Rings um Rom brachen Reiche und politische Regimes zusammen, doch das eine, das heilig bleibt – abgesehen vielleicht vom Fußball, und da gibt es in Rom, am Rande bemerkt, nur ein Team –, ist die Familienstruktur.

Mütter und Großmütter werden von Italienern ganz besonders verehrt, von Männern und Frauen gleichermaßen, und sind der moralische Kompass der Familien. Auf die Frage, wo man in Rom essen gehen sollte, werden Römer in über der Hälfte der Fälle sagen: »a casa di mamma« oder »a casa di nonna« (bei meiner Mutter oder bei meiner Oma).

Ich bin ja in einer italienischen Familie aufgewachsen, und meine frühesten Erinnerungen an meine Mutter spielen sich auch zu Hause in der Küche ab. Sie ist in den Abbruzzen geboren und hat als junges Mädchen in Australien von meiner Nonna gelernt, wie man Eierpasta selbst macht. Ich erinnere mich, wie sie in meiner Kindheit das große Holzbrett hervorholte, um Gnocchi und Ravioloni herzustellen (große Ravioli, von denen nur zwei oder drei auf einen Teller passten). Auf dem Herd blubberte ein großer Topf Ragù stundenlang vor sich hin. Sie stellte die Hitze auf niedrige Stufe und bat mich, ein Auge auf die Soße zu haben, während sie andere Hausarbeiten erledigte.

Ihre Brodo di Gallina (Hühnerbrühe) wärmte einem das Herz und spendete Trost, wenn man krank war. Brodo con Stracciatella ist eine Suppe mit verquirltem Ei. Man gießt ein Ei-Käse-Gemisch in die kochende Brühe, und beim Kochen gerinnt es in kleinen Fetzen (»stracciare« ist das italienische Verb für »reißen« oder »zerfetzen«). Zu besonderen Gelegenheiten, vor allem während der Zeit von le Feste (Feierlichkeiten wie Ostern und Weihnachten) gibt meine Mutter winzige Fleischbällchen, langsam in der Brühe gegartes Hühnerfleisch und winzige selbst gemachte Croutons hinzu, wie ihre Mutter und ihre eigene Nonna es taten. Bis heute koche ich das exakt identische Gericht, genauso, wie sie es mir beigebracht hat, und das ist jetzt seit mindestens vier Generationen so.

Rezepte wie diese sind seit Jahrhunderten lebendig gehalten worden und haben in Fällen wie meinem mit der Migration Kontinente überwunden. Essenstraditionen werden in Italien nie sterben, denn sie sind untrennbar mit Familienerinnerungen verknüpft. Und die Wertschätzung der Italiener für hochwertiges und dennoch einfaches Essen und der Stolz, der damit einhergeht, sind in der ganzen Welt einzigartig.

Sogar im modernen Italien, wo weniger junge Menschen zu Hause kochen und wo heftig um den Erhalt des kulinarischen Erbes diskutiert wird, scheint die Tradition noch immer vorzuherrschen. Die Gerichte vergangener Zeiten erscheinen weiterhin auf den Speisekarten der Restaurants und einige, die hauptsächlich dem Zuhause vorbehalten waren, haben sogar ein Comeback als Trend erlebt.

VON **LINA PASQUALE**

Brodo di Mamma con Stracciatella

Mamas Hühnerbrühe mit verquirltem Ei

Zusammen mit selbst gemachten Ravioloni meiner Mutter und Pizzelle (Waffelkeks aus den Abruzzen) wärmt mir die Erinnerung an Brodo con Stracciatella am meisten das Herz. Ich wusste noch nicht einmal, dass es eine englische Bezeichnung dafür gibt, denn in unserem Haushalt war diese Suppe mit verquirltem Ei einfach Brodo (das italienische Wort für Brühe). Meine Nonna, dann meine Mutter und nun ich kochen sie mit Hähnchenfleisch, aber Manzo (Rindfleisch) wird in Italien auch gern genommen. Man könnte das Fleisch jedoch sehr gut ganz weglassen.

In meiner Familie stand Brodo con Stracciatella früher zu besonderen Anlässen auf dem Speiseplan (sogar zu Weihnachten, unter der heißen Sonne Australiens!), doch mit der Zeit wurde es ein winterliches Grundnahrungsmittel und Comfort Food für Zeiten, wenn von uns Kindern eines krank war oder von einer langen Reise zurückkehrte. Am Schluss kann man auch kleine Eiernudeln, Quadrucci oder Tortellini hinzugeben und al dente kochen, bevor das Ei hineinkommt.

Für 4 Portionen; ergibt 2 l Brühe

Brühe

200 g Hähnchenbrust ohne Knochen (mit oder ohne Haut)

160 g Hähnchenoberkeule (mit oder ohne Haut)

1 große Karotte, halbiert

1 Zwiebel, halbiert

2 Stangen Staudensellerie, mit Blättern

150 g zerkleinerte Tomaten aus der Dose

Salz

Stracciatella

1 Ei

3 EL Parmigiano Reggiano, gerieben

1. Für die Brühe die Hähnchenstücke in einen großen Topf geben. Karotte, Zwiebel und Sellerie hinzugeben und mit 3 l kaltem Wasser bedecken. Tomaten hinzugeben und salzen.
2. Zum Kochen bringen und mit einer Kelle den Schaum abschöpfen, der sich an der Oberfläche entwickelt. Deckel auflegen und 1 Stunde auf hoher Stufe kochen lassen. Hitze auf niedrige Stufe verringern und nochmals 1 Stunde leise köcheln lassen. Vom Herd nehmen und vollständig abkühlen lassen.
3. Hähnchenteile und Gemüse mit einem Schöpflöffel herausnehmen und beiseitestellen. Die Brühe durch ein feines Sieb gießen, bis sie klar ist, dann wieder in den Topf füllen.
4. Das gekochte Hähnchenfleisch klein schneiden und auf 4 Suppenteller verteilen; das übrig gebliebene Gemüse kann man aufheben und für Gemüsebrühe verwenden.
5. In einer kleinen Schüssel das Ei verquirlen, den Parmigiano sowie 1 Prise Salz hinzugeben und gründlich vermischen.
6. Die Brühe wieder aufkochen, Eigemisch hineingießen, schnell verrühren und vom Herd nehmen. Die Brühe über das Fleisch schöpfen und heiß servieren.

VON **CARLA TOMASI**

Pasta all'Uovo

Frische Eiernudeln

Nichts rührt mich mehr als Kindheitserinnerungen an meine Mutter, wie sie Pasta macht: Tagliatelle und große, mit Ricotta und Fleisch gefüllte Ravioli. Es gab pro Teller nur zwei oder drei Stück, und sie schmeckten einfach wunderbar. Für dieses Rezept habe ich mich an Carla Tomasi gewandt. In ganz Rom ist sie als begnadete Pasta-Herstellerin bekannt. Ihre Pasta all'Uovo ist seidig-geschmeidig. Zwar braucht es für die Pastaproduktion etwas Übung, aber zeitaufwendig ist es nicht, lassen Sie sich nicht durch solche Gedanken davon abhalten.

Für 4 Portionen

4 Eier, Zimmertemperatur

ca. 600 g Mehl Type 00 sowie Mehl zum Bestäuben

Soße nach Belieben

1. Die Eier in eine Schüssel aufschlagen und wiegen. Mit einer Gabel leicht verquirlen, dann nahezu die doppelte Gewichtsmenge Mehl hinzugeben.
2. Mehl mit einer Gabel oder den Fingerspitzen nach und nach mit den Eiern leicht vermengen. Teig auf eine saubere Arbeitsfläche geben und kneten; dabei mit dem Handballen immer auf den Teig drücken. Der Teig sollte allmählich seidig-glatt werden.
3. Den weich gekneteten Teig unter einer umgedrehten Schüssel an einem kühlen Ort mindestens 15 Minuten ruhen lassen (an diesem Punkt kann der Teig bis zum nächsten Tag im Kühlschrank bleiben; vor der Weiterverarbeitung langsam wieder auf Zimmertemperatur bringen).
4. Den Teig in 4 Portionen aufteilen und diese einzeln verarbeiten; die anderen mit einem Geschirrtuch oder Frischhaltefolie abdecken.
5. Die Pastamaschine mit den Klammern an einer Arbeitsfläche befestigen und die größte Öffnung einstellen. Das Teigstück flach drücken, sodass es durch die Maschine passt, dann durch die Walzen laufen lassen. Den Teig wie einen Umschlag falten und nochmals durchlaufen lassen. Falls er sich klebrig anfühlt, mit etwas Mehl bestäuben, damit die Oberfläche trocken wird. Diesen Vorgang 5- oder 6-mal wiederholen; es sollte eine glatte Teigplatte herauskommen, die fast so breit ist wie die Walzen.
6. Den Walzenabstand um 1 Einheit verkleinern und den Teig nochmals durchlaufen lassen. Die Stärke weiter reduzieren und Teig jeweils einmal durchlaufen lassen, bis er dünn und dehnbar ist. Sobald er länger als 25 cm ist, durchschneiden und mit einzelnen kürzeren Stücken arbeiten. Teig immer mit Mehl bestäuben, wenn er anfängt, sich klebrig anzufühlen. Sollten sich Löcher bilden, prüfen, dass keine Teigreste unter den Walzen sind und den Teig aufreißen.
7. Teig auf bemehlten Geschirrtüchern ausbreiten, dann mit dem restlichen Teig wiederholen, bis alle Teigportionen dieselbe Dicke haben.
8. Die Teigplatten mindestens 20 Minuten an einem kühlen Ort ohne direktes Sonnenlicht trocknen lassen und in dieser Zeit 3- oder 4-mal wenden. Sie sind fertig, wenn der Teig noch biegsam ist, sich aber recht trocken anfühlt. Zum Test ein kleines Stück in feine Streifen schneiden – wenn sie aneinanderkleben, noch etwas warten.
9. Die Pasta mit einem scharfen Messer in die gewünschte Form schneiden oder mit Tagliatelle- oder Tagliolini-Aufsatz durch die Pastamaschine laufen lassen. Ist die Menge zu groß, kann man sie ganz trocknen lassen und in einem luftdichten Behälter an einem kühlen Ort bis zu 3 Monate oder im Kühlschrank 5 Tage aufbewahren.
10. Die frische Pasta in einem großen Topf mit kochendem Salzwasser ca. 2–3 Minuten kochen, oder bis sie al dente ist, und mit einer Soße nach Wahl servieren.

BER
NA
BEI

VON **CARLA TOMASI**

Sugo di Pomodoro

Schnelle Tomatensoße

Diese schlichte Tomatensoße, auch ein Rezept von Carla, ist der klassische italienische Begleiter zu selbst gemachter Pasta, denn sie ist einfach und leicht. Sie können Ihre Pasta mit einer Soße Ihrer Wahl servieren, aber vergessen Sie nicht – weniger ist mehr; Eierpasta ist gehaltvoll und sollte nicht mit gleichermaßen üppigen Soßen kombiniert werden, sonst geht ihr Geschmack unter.

Diese Soße ist schnell und einfach zubereitet und wird zweifellos auch bei Ihnen zu Hause ein Hit.

Für 4 Portionen

90 ml Olivenöl nativ extra

600 g Cherrytomaten, halbiert

Salz und schwarzer Pfeffer aus der Mühle

10 g ungesalzene Butter (optional)

3 EL Basilikumblätter, zerpflückt

1. Olivenöl in einer großen Bratpfanne mit Deckel auf hoher Stufe erhitzen. Tomaten hineingeben und rasch den Deckel auflegen. Deckel festhalten und die Pfanne vor- und zurückrütteln, damit der Zucker in den Tomaten karamellisiert.
2. Deckel abnehmen und 1–2 Minuten weiterkochen, dann mit Salz und schwarzem Pfeffer würzen.
3. Für den Verzehr die gewählte Pasta al dente kochen, abgießen, dann mit 3 EL Pastawasser und – falls verwendet – der Butter zu den Tomaten geben.
4. Pasta und Soße vermengen und sobald die Butter geschmolzen ist, Basilikum hinzugeben und servieren.

VON **CRISTINA BOWERMAN**

Gnocchetti con Pomodoro e Triglia

Gnocchi mit Tomaten und Rotbarbe

In meinen ersten Monaten in Rom lebte ich auf zwei historischen Straßen in Trastevere – Vicolo del Bologna und Vicolo de Cinque. Diese Straßen erscheinen, wenn Sie online nach »wunderschönes Trastevere« suchen: enge Straßen mit Gebäuden in römischen Farben und ein alter Fiat 500 ist nie weit weg. An der Kreuzung dieser Straßen treffen Sie auf die Glass Hostaria von Cristina Bowerman, der einzigen Frau in Rom mit Michelin-Stern und meine Freundin. Dieses Rezept ist von ihr, eine verfeinerte Version von Gnocchi, gut geeignet, wenn man Eindruck machen will. Es sind Gnocchetti, sind also kleiner als Gnocchi und kugelrund. Cristina empfiehlt dazu diese leichte Tomatensoße mit Rotbarbe, aber Sie können die Gnocchetti mit einer Soße Ihrer Wahl servieren.

Für 4–6 Portionen

2 EL Olivenöl nativ extra
1 Knoblauchzehe, geschält
1 kleine Zwiebel, fein gehackt
500 g San-Marzano- oder Kirschtomaten, zerkleinert
Salz und schwarzer Pfeffer aus der Mühle
800 g Rotbarbenfilet (alternativ Brasse, Petersfisch, Hornhecht, Schnapper oder Wittling)
frisches Basilikum, Microgreens (Keimlinge, z. B. Kresse) oder Salatblätter zum Garnieren

Fischbrühe
1 kg Fischkarkassen

Gnocchetti
250 g mehligkochende Kartoffeln
Salz
80 g Allzweckmehl sowie Mehl zum Bestäuben
50 g Maisstärke oder Kartoffelstärke

1. Für die Brühe die Fischkarkassen in einen Topf geben und 2 l kaltes Wasser aufgießen. Zum Kochen bringen, dann die Hitze herunterstellen, Deckel auflegen und 40 Minuten köcheln lassen. Durch ein Sieb abgießen und beiseitestellen.
2. Unterdessen die Gnocchetti zubereiten. Die ganzen, ungeschälten Kartoffeln in einen großen Topf geben. Mit kaltem Wasser bedecken und 1 Prise Salz hinzugeben. 30–40 Minuten kochen oder bis die Kartoffeln soeben weich sind, dann abgießen und abkühlen lassen, bis man sie anfassen kann. Pellen und in einer Schüssel grob zu Mus zerkleinern oder durch eine Kartoffelpresse drücken.
3. Mehl, Maisstärke und ½ TL Salz in die Schüssel mit Kartoffelmus sieben und alles mit einer Gabel vermengen. Sobald das Gemisch aussieht wie grobes Paniermehl, den Teig mit den Händen kneten, bis er geschmeidig ist. Sollte er zu trocken sein, einen Spritzer Wasser hinzugeben, ist er zu feucht, etwas Mehl.
4. Ein Stück vom Teig abschneiden und mit den Fingerspitzen zu einer ca. fingerdicken Wurst rollen. In ca. 2 cm lange Stücke schneiden und alle Stücke zu Kugeln rollen, den Gnocchetti. Auf eine leicht bemehlte Fläche setzen und fortfahren, bis der gesamte Teig aufgebraucht ist (werden die Gnocchetti im Voraus zubereitet, kann man sie einige Stunden im Kühlschrank aufbewahren).
5. Für die Soße Olivenöl in einer großen Bratpfanne erhitzen. Die ganze Knoblauchzehe hineingeben und auf mittlerer Stufe braten, bis sie anfängt, zu brutzeln, dann herausnehmen. Zwiebel hineingeben und 5 Minuten anbraten, bis sie glasig ist.
6. Tomaten und einige Kellen Fischbrühe hinzugeben. Verrühren und ohne Deckel 15–20 Minuten köcheln lassen; nach Bedarf noch etwas Fischbrühe dazugeben. Mit Salz und schwarzem Pfeffer abschmecken. Wer mag, püriert die Soße mit einem Pürierstab, ansonsten kann man sie auch stückig lassen.
7. Fischfilets in die Soße geben und zum Pochieren weitere 5 Minuten kochen.
8. In der Zwischenzeit in einem großen Topf Salzwasser zum Kochen bringen. Gnocchetti hineingeben und 1–2 Minuten kochen, bis sie an die Oberfläche steigen. Mit einem Schöpflöffel herausnehmen und in die Pfanne mit der Soße geben. Vermengen und Gnocchetti mit Soße überziehen.
9. Zum Servieren die Fischfilets auf den Gnocchi anordnen; mit zerzupften Basilikumblättern, Microgreens oder Salatblättern garnieren.

VON **ANGELO PREZIOSI**

Spaghetti Ajo, Ojo e Peperoncino

Spaghetti mit Knoblauch, Öl und Chili

Spaghettata ist der Begriff für ein großes Spahettiessen, immer für mehr als eine Person und oft zu Hause veranstaltet. Früher, wenn es bei Familienfeiern allmählich spät wurde, nach Mitternacht – und es war egal, wie viel man zuvor gegessen hatte –, setzte jemand Wasser auf, um ein schnelles Pastagericht zu kochen. In meiner Familie war es Spaghetti con Alici (Spaghetti mit Sardellen) und in Angelos Familie war es immer Spaghetti mit Knoblauch, Öl und Chili. Er sagt, es ist die italienische Variante von mitternächtlichem Kebab nach dem Trinkgelage, und er habe schon so manche damit um 2 Uhr früh wieder auf die Beine gebracht!

Für 4 Portionen

400 g Spaghetti

150 ml Olivenöl nativ extra

2 Knoblauchzehen, in dünne Scheiben geschnitten

2 rote Chilischoten, ohne Kerne, fein gehackt

1 kleines Bund Blattpetersilie, gehackt

1. In einem großen Topf Salzwasser zum Kochen bringen. Pasta hineingeben und nach Packungsanweisung kochen.
2. In der Zwischenzeit in einer Bratpfanne das Olivenöl eher langsam erhitzen und Knoblauch hineingeben. Auf mittlerer Stufe 1 oder 2 Minuten anbraten, bis er allmählich weich wird, dann Chili hineingeben und mit etwas Salz würzen. Nochmals 1 Minute braten, um das Öl zu aromatisieren, dann vom Herd nehmen, damit der Knoblauch nicht anbrennt.
3. Wenn die Pasta al dente ist, abgießen und mit einigen Löffeln Kochwasser in die Pfanne geben. Einige Minuten auf mittlerer Stufe kochen; währenddessen Petersilie hinzugeben und gründlich vermengen, um die Pasta mit dem Öl zu überziehen.
4. Sofort servieren.

di Ponte S.Angelo

*»Rom ist nicht wie irgendeine andere Stadt.
Es ist ein großes Museum, ein Wohnzimmer,
und man sollte auf den Zehenspitzen
hindurchgehen.«*

ALBERTO SORDI

VON **DOMENICO STILE, ENOTECA LA TORRE**

Minestra di Broccoli e Arzilla

Suppe aus Romanesco-Brokkoli mit Rochen

Diese bescheidene Suppe mit Romanesco-Brokkoli und Rochen aß man traditionell am Heiligen Abend. Angereichert mit Spaghetti oder zerbrochener Pasta ist sie eine herzhafte Mahlzeit für sich. Sie wird oft zu Hause gekocht, erlebt derzeit aber so etwas wie ein Comeback auf den Speiseplänen mancher Trattorien. Bitten Sie Ihren Fischhändler, die Haut von den Rochenfilets zu entfernen, lassen Sie jedoch die Gräten dran, denn sie machen die Suppe aromatischer. Als Ersatz für Romanesco nimmt man lieber Blumenkohl statt gewöhnlichem Brokkoli.

Diese Version stammt vom Koch Domenico Stile. Er ist einer der jüngsten Michelin-Sterneköche von Rom und managt das talentierte Team in der Enoteca La Torre in einem überwältigenden Art-déco-Gebäude, das dem römischen Modehaus Fendi gehört.

Für 6 Portionen

3 EL Olivenöl nativ extra
2 Knoblauchzehen, geschält
1 kleine rote Chilischote, ohne Kerne
4 Sardellenfilets in Olivenöl
200 g zerkleinerte Tomaten aus der Dose
60 ml trockener Weißwein
1 Romanesco
200 g Spaghetti

Fischbrühe
1 Rochen, etwa 1 kg Gewicht
1 Zwiebel, geschält
1 Karotte
1 Stange Staudensellerie
6 Stängel Blattpetersilie
Salz

1. Für die Brühe den Rochen unter kaltem fließenden Wasser abspülen, in einen großen Topf geben und mit 2 l kaltem Wasser bedecken. Zwiebel, Karotte und Sellerie halbieren und mit den Petersilienstängeln (Blätter beiseite legen) in den Topf geben. Gründlich salzen, Deckel auflegen und zum Kochen bringen, dann die Hitze auf niedrige Stufe verringern und 15 Minuten kochen.
2. Mit einem Schöpflöffel den Rochen aus der Brühe nehmen und die Filets ablösen. Kopf, Haut und Knorpel entfernen, dann die restlichen Gräten und den Saft wieder in die Brühe geben. Deckel auflegen und weitere 30 Minuten kochen. Die Rochenfilets können beiseite gestellt und für eine Vorspeise oder einen Hauptgang verwendet werden.
3. Das Olivenöl in einem zweiten großen Topf erhitzen und Knoblauch, Chili und die aufbewahrten Petersilienblätter fein hacken. Ins Öl geben und einige Minuten auf mittlerer Stufe anbraten, bis sie soeben weich werden. Sardellen hinzufügen und nochmals 3 Minuten braten; dabei die Sardellen mit einer Gabel hinunterdrücken, damit sie sich im Öl auflösen. Tomaten und Wein hinzugeben, alles gut miteinander verrühren, dann Deckel auflegen und 15 Minuten weiterkochen.
4. Romanesco in kleine Röschen zerteilen; die größeren falls nötig durchschneiden. In den Topf geben, die Hitze hochstellen und 3–4 Minuten in der Tomatensoße kochen.
5. Fischbrühe durch ein feinmaschiges Sieb abgießen, dann in den Topf mit Romanesco und Tomaten gießen. Fischstücke aus den abgeseihten Resten hineingeben. Gründlich verrühren, dann alles miteinander 10 Minuten kochen.
6. Spaghetti in ca. 2 cm kleine Stücke brechen und in die Suppe geben. Nochmals 10 Minuten kochen lassen oder bis die Spaghetti al dente sind.
7. Sofort servieren.

VON **FERNANDA MENOZZI**

Pasta e Ceci

Pasta und Kichererbsen

An kalten Winterabenden gibt es nichts Zünftigeres als Pasta mit Kichererbsen, ein einfaches, günstiges und wohltuendes Gericht. Es ist durch und durch römisch und Teil der mittelitalienischen Cucina povera. Üblicherweise nimmt man eine Mischung kleiner Pastasorten; der Gedanke dahinter war, aufzubrauchen, was man gerade im Vorratsschrank hatte. Meine wunderbare römische Freundin Fernanda kochte mir diese Version eines Abends, und für mich ist ihr Rezept perfekt, deswegen wollte ich es unbedingt in dieses Buch aufnehmen. Rosmarin und Salbei verleihen den nussigen Kichererbsen die genau richtige Kräuternote. Normalerweise bereitet Fernanda die Suppe mit Pancetta zu – ein schöner salziger Kick –, aber das muss nicht sein. Ein weiterer Trick, den sie von ihrer verstorbenen Mutter Anna gelernt hat, ist, etwas Saft von einem Braten dazuzugeben (Hähnchen, Rind, Lamm, ganz egal), den man an dem Tag oder am Vortag zubereitet hat. Auch das muss nicht sein, macht es geschmacklich aber mit Sicherheit intensiver.

Für 4–6 Portionen

60 ml Olivenöl nativ extra
1 gelbe Schalotte, fein gehackt
1 Knoblauchzehe, geschält
1 kleine Karotte, fein gewürfelt
½ Stange Staudensellerie, fein gewürfelt
1 Rosmarinzweig
100 g geräucherter Pancetta, gewürfelt (optional)
60 ml trockener Weißwein
150 g Kirschtomaten, zerkleinert
250 g getrocknete Kichererbsen, 12 Stunden in Wasser eingeweicht (oder 500 g gekochte)
1 EL Salbei, gehackt
1 EL Rosmarin, gehackt
Salz und schwarzer Pfeffer aus der Mühle
250 g kleine Pastasorten, gemischt

1. Das Olivenöl in einem großen Topf erhitzen. Schalotte und ganze Knoblauchzehe hineingeben. Auf mittlerer bis niedriger Stufe 5 Minuten behutsam anbraten, bis die Schalotte weich ist. Knoblauch herausnehmen.
2. Karotte, Sellerie, Rosmarinzweig und Pancetta (falls verwendet) dazugeben und 2–3 Minuten anbraten. Wein zugießen und weitere 2 Minuten köcheln lassen oder bis der Alkohol verdampft.
3. Tomaten einrühren und auf niedriger Stufe 10 Minuten weiterkochen. Die abgetropften eingeweichten Kichererbsen und 1 l Wasser hinzugeben. Zum Kochen bringen, dann die Hitze verringern und 2 Stunden köcheln lassen; gelegentlich etwas Wasser hinzugeben, falls es zu trocken wird (gekochte Kichererbsen zum selben Zeitpunkt hinzugeben, aber nur 1–1½ Stunden kochen).
4. Ca. 30 Minuten vor Ende der Kochzeit Salbei und Rosmarin hineingeben und mit Salz und schwarzem Pfeffer abschmecken.
5. Wenn die Kichererbsen weich sind, Suppe wieder aufkochen. Pasta hineingeben und falls nötig ca. 200 ml Wasser zugießen, damit sie gekocht werden kann. 5 Minuten kochen, dann vom Herd nehmen und Deckel auflegen; die Pasta gart in der Resthitze weiter.
6. Nun 10 Minuten stehen lassen, dann servieren.

VON **ANGELO PREZIOSI**

Pollo con i Peperoni

Hähnchen mit Paprikaschoten

Pollo con i Peperoni, auch als Pollo alla Romana (Hähnchen nach römischer Art) bekannt, ist ein beliebtes Trattoria-Gericht und wird noch immer viel in römischen Haushalten gekocht. Angelos Rezept ist ziemlich kostbar, denn es ist mindestens drei Generationen alt – seine Nonna Rosa gab es seiner Mutter Cristina weiter, und dann bekam er es.

Die Vorbereitungen zu diesem Gericht sind im Nu getan, und es ist Brathähnchen at its best: langsam gegart mit süßen Paprikaschoten, die im Mund zergehen. Angelo findet es auch im Sandwich am nächsten Tag ganz hervorragend.

Für 4 Portionen

100 ml Olivenöl nativ extra
1,2 kg Hähnchenoberkeule und Schenkel, mit Knochen
Salz und schwarzer Pfeffer aus der Mühle
2 gelbe Paprikaschoten
2 rote Paprikaschoten
125 ml trockener Weißwein
400 g zerkleinerte Tomaten aus der Dose
etwas Brot zum Aufwischen der Soße (nach Belieben)

1. Das Olivenöl in einem großen Topf erhitzen. Hähnchenteile hineingeben, mit Salz und schwarzem Pfeffer würzen und auf hoher Stufe 10–15 Minuten anbraten; dabei regelmäßig wenden, damit sie von allen Seiten braun werden.
2. In der Zwischenzeit bei den Paprikaschoten Stiele und Kerne entfernen, dann in 4 × 2 cm große, grobe Streifen schneiden.
3. Den Wein zum Hähnchen geben und einige Minuten köcheln lassen, damit der Alkohol verdampft. Paprikastücke hinzugeben und 5 Minuten kochen, dann die Tomaten und 500 ml Wasser hinzugeben.
4. Mit etwas mehr Salz und Pfeffer würzen, gründlich umrühren und auf mittlerer bis niedriger Stufe 45 Minuten oder bis zu 1 Stunde kochen. Sollte die Soße beim Kochen zu trocken werden, noch etwas Wasser zugießen.
5. Das Gericht ist servierfertig, wenn das Hähnchenfleisch zart ist (das Fleisch wird sich leicht vom Knochen lösen) und die Paprikaschoten weich sind.
6. Nach Belieben etwas Brot zum Aufwischen der Soße dazu reichen.

VON **ANGELO PREZIOSI**

Maialino al Forno

Spanferkel aus dem Backofen

Dieses Spanferkelgericht wird in römischen Haushalten zubereitet, stammt aber traditionell aus Sardinien. Die Zubereitung ist nicht schwierig, und es ist immer ein großer Erfolg. Angelo hat mir sein Familienrezept gegeben und sagt, der Duft von Schweinefleisch aus dem Backofen und Kräutern in der Küche an einem Sonntagvormittag ist in seinem Haus immer willkommen. Meistens wird das Gericht mit Ofenkartoffeln serviert, die Sie mit dem Fleisch zusammen in der Ofenform backen können, aber im Grunde passt jedes Gemüse als Beilage dazu.

Mit etwas Glück können Sie Maialino al forno in Rom manchmal in familiengeführten Trattorien der alten Schule entdecken.

Für 4 Portionen

1 ganze Knoblauchknolle
10 Rosmarinzweige
2 kg Spanferkel
3 EL Olivenöl nativ extra
Salz und schwarzer Pfeffer aus der Mühle

1. Den Ofen auf 170 °C Ober-/Unterhitze (Umluft: 150 °C) vorheizen.
2. Knoblauchknolle in der Mitte durchschneiden, die Schale dranlassen und mit den Rosmarinzweigen in eine große Ofenform legen.
3. Fleisch mit den Händen mit dem Olivenöl einreiben und ausgiebig mit Salz und schwarzem Pfeffer würzen. Fleisch in die Ofenform auf Rosmarin und Knoblauchknolle legen, und zwar mit der Hautseite nach unten.
4. Das Fleisch 1 Stunde backen, dann wenden und weitere 20 Minuten backen. Die Haut sollte kross sein und das Fleisch zart und saftig.
5. In Stücke schneiden und servieren.

VON **MAURIZIO MISSO**

Polpette di Bollito

Frittierte Fleischbällchen

Diese köstlichen Fleischbällchen stehen für alles, was ich an der italienischen Küche liebe; nichts wird verschwendet und Reste können in Leckereien der Gegend verwandelt werden. Bollito ist das italienische Wort für »gekocht«. Diese Fleischbällchen sind mit dem Rind- und dem Hähnchenfleisch zubereitet, aus denen Brühe gekocht wurde, und man findet sie in Rom ganz häufig, angefangen bei den Tafeln der Trattorien bis hin zu Streetfood-Ständen. Mein in Rom geborener Freund Maurizio Misso macht meine Lieblingspolpette, und dies ist sein Rezept. Seine Liebe zum Kochen erwachte schon früh, und er sagt, die Tricks, die er in der Küche anwendet, habe er alle von Mamma und Nonna gestohlen! Diese Polpette haben Suchtpotenzial, ernsthaft. Es wird Ihnen schwerfallen, sich mit nur einer zu begnügen.

Für 4 Portionen

2 Eier für die Panade
400 g feines Paniermehl
Pflanzenöl zum Frittieren

Fleischbällchen
500 g Rindfleisch
1 Zwiebel, geviertelt
1 kleine Karotte, halbiert
1 Stange Staudensellerie
2 Nelken
1 kleines ganzes Hühnchen
2 kleine Kartoffeln
Salz
2 Scheiben Weißbrot
150 ml Milch
150 g Mortadella, fein geschnitten
1 Knoblauchzehe, zerstoßen und fein gehackt
10 Kapern, fein gehackt
Schale von ½ Zitrone, abgerieben
3 EL Blattpetersilie, gehackt
2 Eier
80 g Parmigiano Reggiano
1 TL Muskatnuss, frisch gerieben

1. Für die Fleischbällchen das Rindfleisch mit Zwiebel, Karotte, Sellerie und Nelken in einen großen Topf geben. Mit Wasser bedecken, zum Kochen bringen, dann Deckel auflegen. 1 Stunde lebhaft kochen lassen.
2. Hühnchen in große Stücke schneiden, in den Topf geben und nochmals 1 Stunde kochen.
3. In der Zwischenzeit die ganzen Kartoffeln mit Schale in einen separaten Topf geben. Mit kaltem Wasser bedecken und 1 Prise Salz hinzugeben. Zum Kochen bringen und 25–30 Minuten kochen oder bis sie weich sind. Abgießen und abkühlen lassen, dann pellen und zu einem groben Püree verarbeiten.
4. Sobald das Fleisch gekocht ist, Rindfleisch und Hühnchenteile aus der Brühe nehmen und abkühlen lassen. Brotkrusten entfernen und Brotscheiben zum Einweichen in eine Schüssel mit der Milch geben.
5. Hühnchenteile häuten und Fleisch von den Knochen lösen. Hühnchen- und Rindfleisch fein hacken und in eine große Schüssel geben. Kartoffelpüree, Mortadella, Knoblauch, Kapern, Zitronenschale und Blattpetersilie hinzugeben und vermischen. Die Eier verquirlen, dann mit geriebenem Parmigiano, Muskatnuss und 1 großzügigen Prise Salz zum Gemisch hinzufügen.
6. Überschüssige Milch aus dem Brot auspressen, dann das Brot zum Gemisch geben. Mit den Händen alles verkneten, bis die Zutaten gleichmäßig verteilt sind.
7. Die Panade vorbereiten: Die Eier in einer Schüssel verquirlen und das Paniermehl in eine weitere Schüssel geben.
8. Ca. 2 EL der Fleischmischung mit den Händen zu einem runden Patty formen. Im verquirlten Ei wenden, dann im Paniermehl; Panade mit den Händen gleichmäßig leicht festklopfen. Auf ein mit Backpapier ausgelegtes Blech legen. Übrige Fleischmischung ebenso formen und panieren.
9. In einer hohen Bratpfanne mit schwerem Boden viel Pflanzenöl auf ca. 170 °C erhitzen (Kochthermometer). Fleischbällchen portionsweise 7–8 Minuten frittieren oder bis sie golden sind; dabei regelmäßig wenden, damit sie auf beiden Seiten eine gleichmäßige Farbe bekommen.
10. Auf Küchenpapier abtropfen lassen und heiß servieren.

VON **RISTORANTE SALUMERIA ROSCIOLI**

Polpette al Sugo

Fleischbällchen in Tomatensoße

Stehen in Rom Polpette al sugo auf der Karte, kann ich nur schwer widerstehen. Sie versetzen mich wieder in meine Kindheit, als meine Mutter stundenlang Tomaten-Ragù auf dem Herd kochen ließ und mich oft bat, ein Auge darauf zu haben. Die Soße aßen wir mit Pasta und als zweiten Gang gab es Fleisch und Fleischbällchen.

Diese Version hat mir eines der berühmtesten Restaurants von Rom gegeben, das Roscioli. Sie servieren dazu oft Polenta und Späne von gebackenem Ricotta für eine extrasalzige Note. Sie müssen unbedingt frisches Brot parat haben, damit Sie die vollmundige Tomatensoße aufstippen können.

Für 4–6 Portionen

Fleischbällchen
2 Scheiben Weißbrot, ohne Kruste
200 ml Milch
100 g Mortadella
1 Knoblauchzehe
500 g Hackfleisch vom Rind
250 g Hackfleisch vom Schwein
250 g Hackfleisch vom Kalb
Schale von ½ Zitrone, abgerieben
1 TL Muskatnuss, frisch gerieben
140 g Parmigiano Reggiano, gerieben
1 Ei plus 1 Eigelb, leicht verquirlt
Salz und schwarzer Pfeffer aus der Mühle

Soße
1 kg Tomaten
4 gelbe Schalotten, fein gehackt
100 ml Olivenöl nativ extra

1. Zunächst die Fleischbällchen zubereiten. Brotscheiben 5 Minuten in der Milch einweichen. In der Zwischenzeit Mortadella und Knoblauch fein hacken, dann zusammen mit den 3 Hackfleischsorten in einer großen Schüssel vermengen.
2. Überschüssige Milch aus dem Brot ausdrücken und das eingeweichte Brot sowie Zitronenschale, Muskat, Parmigiano und verquirltes Ei zur Fleischmischung geben. Mit Salz und schwarzem Pfeffer würzen und mit den Händen gründlich vermengen. Ruhen lassen und währenddessen die Soße zubereiten.
3. Für die Soße die Tomaten häuten. Dafür alle an der Unterseite kreuzweise einschneiden, in eine hitzebeständige Schüssel geben und mit kochendem Wasser bedecken. 30 Sekunden stehen lassen, dann in eine Schüssel mit kaltem Wasser geben und, beginnend beim Kreuzeinschnitt, die Haut abziehen. Die Tomaten halbieren und mit einem Löffel die Kerne entfernen, dann grob hacken.
4. Die gehackten Tomaten in einen Topf geben. Schalotten, Olivenöl und 1 Prise Salz zugeben und vermischen. Zum Kochen bringen, dann auf mittlerer bis niedriger Stufe 20 Minuten leise köcheln lassen. Vom Herd nehmen und mit einem Pürierstab zu einer glatten Soße verarbeiten. Wieder auf den Herd stellen und nochmals 15 Minuten kochen.
5. In der Zwischenzeit mit nassen Händen die Fleischmischung zu Bällchen ungefähr in der Größe von Golfbällen formen; jedes Bällchen sollte ca. 70 g wiegen.
6. Wenn alle Fleischbällchen geformt sind und die Soße so lange gekocht hat wie nötig, die Bällchen direkt in die Tomatensoße legen und 45 Minuten unter gelegentlichem Umrühren pochieren (ziehen lassen), bis sie durchgegart sind.
7. Abschmecken und die Fleischbällchen mit einigen Löffeln Soße sofort servieren. Sollte Soße übrig bleiben, kann man sie mit Pasta servieren.

VON **ANGELO PREZIOSI**

Cotechino e Lenticchie

Schweinswürstchen und Linsen

Dieses Gericht ist typisch norditalienisch, wird heute jedoch in ganz Italien gegessen. Üblicherweise verzehrt man es zu Silvester. Cotechino ist ein großes Schweinswürstchen, das traditionell zu jener Jahreszeit serviert wird, und zwar mit Linsen, die wegen ihrer münzartigen Form für Glück und Wohlstand stehen. Sobald es auf die festliche Zeit zugeht, halten Fleischer und Feinkostläden in ganz Rom einen Vorrat an Cotechino bereit, um den alljährlichen Ansturm zu Silvester bedienen zu können.

Angelos Frau, meine gute Freundin Kate Zagorski, bereitet dieses Rezept jedes Jahr im Hause Preziosi zu.

Für 4 Portionen

300g Cotechino (oder 4 Schweinswürstchen, siehe Anmerkung)
60ml Olivenöl nativ extra
1 Zwiebel, fein gewürfelt
1 Karotte, fein gewürfelt
1 Stange Staudensellerie, fein gewürfelt
1 Knoblauchzehe, fein gehackt
3EL Rosmarin, gehackt
300g kleine braune Linsen, getrocknet
750ml Gemüsebrühe
2EL Tomatenmark
Salz und schwarzer Pfeffer aus der Mühle

1. Cotechino mit einer Gabel einstechen, in einen Topf legen und mit kaltem Wasser bedecken. Zum Kochen bringen, dann die Hitze auf niedrige Stufe reduzieren und 2 Stunden kochen. Aus dem Wasser nehmen, in Folie wickeln und bis zum Servieren beiseitestellen.
2. Olivenöl in einem großen Topf erhitzen und Zwiebel, Karotte, Sellerie und Knoblauch 2 Minuten behutsam anbraten oder bis sie weich sind.
3. Rosmarin und Linsen (ohne Einweichen) hinzugeben. Gründlich umrühren und 30 Sekunden anbraten, dann Brühe und Tomatenmark hinzugeben. Mit Salz und schwarzem Pfeffer würzen. Gut umrühren, dann ohne Deckel auf mittlerer bis niedriger Stufe 45 Minuten unter gelegentlichem Umrühren leise köcheln lassen, bis die Linsen weich sind.
4. Linsen in 4 Schalen schöpfen. Cotechino auswickeln, Pelle entfernen und in ca. 1cm dicke Scheiben schneiden. Einige Cotechino-Scheiben auf die Linsen schichten und servieren.

Anmerkung: Cotechino kann durch 4 Schweinswürstchen ersetzt werden. Die Würstchen einstechen und im Olivenöl bräunen, dann Zwiebel, Karotte, Sellerie und Knoblauch hinzugeben. Fortfahren wie oben und die Würstchen im Topf lassen, bis die Linsen gegart sind.

6 UOVA
2€,00

»Solange das Kolosseum steht, steht Rom, wenn das Kolosseum fällt, fällt Rom; und wenn Rom fällt, fällt die Welt.«

LORD BYRON

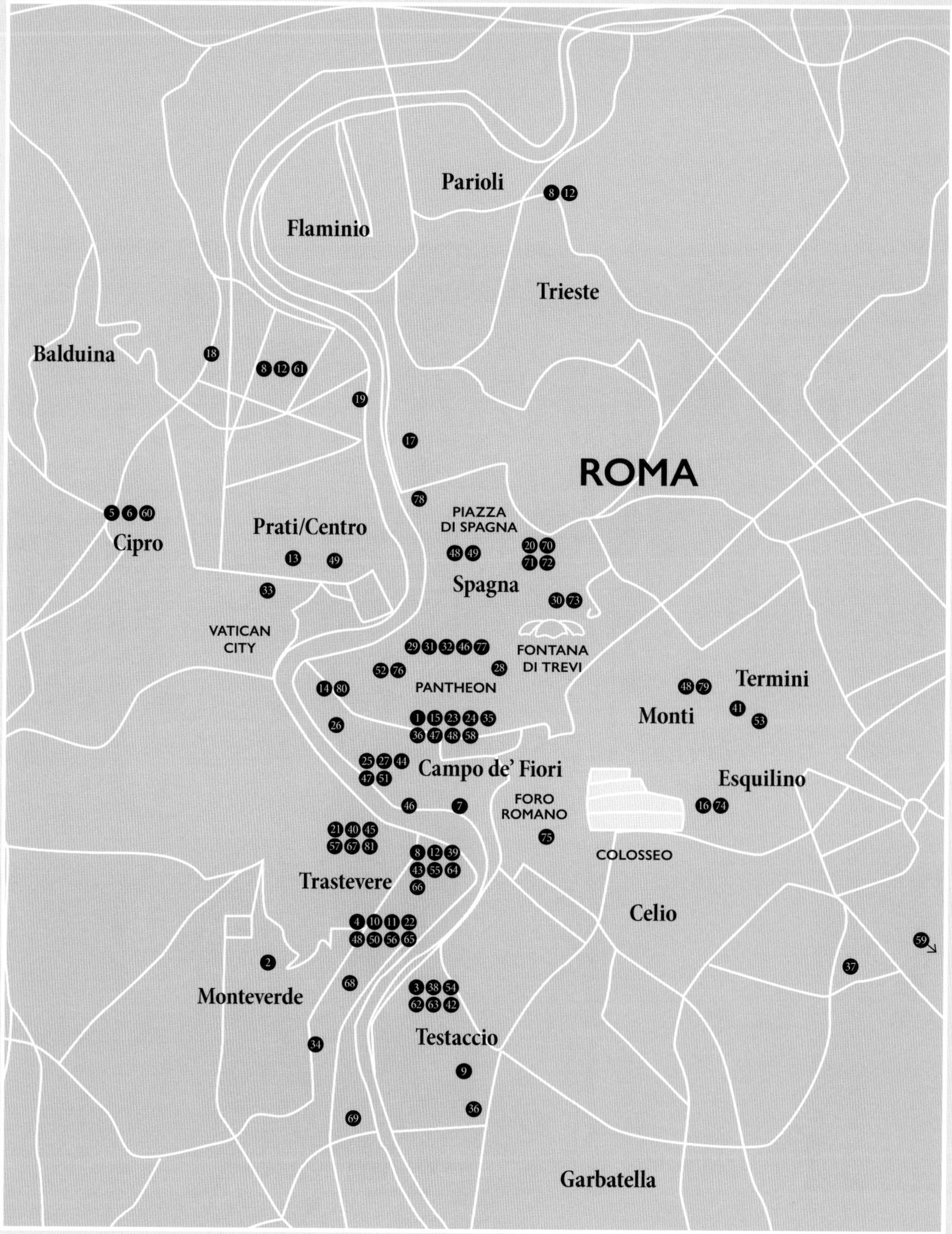
ROMA
Parioli
8 12
Flaminio
Trieste
Balduina
18
8 12 61
19
17
78
5 6 60
Cipro
Prati/Centro
13
49
33
PIAZZA DI SPAGNA
48 49
20 70 71 72
Spagna
30 73
VATICAN CITY
29 31 32 46 77
52 76
28
FONTANA DI TREVI
14 80
PANTHEON
Termini
48 79
41
53
Monti
26
1 15 23 24 35 36 47 48 58
25 27 44 47 51
Campo de' Fiori
Esquilino
16 74
46
7
FORO ROMANO
75
COLOSSEO
21 40 45 57 67 81
8 12 39 43 55 64 66
Trastevere
Celio
4 10 11 22 48 50 56 65
59
37
2
68
Monteverde
3 38 54 62 63 42
Testaccio
34
9
36
69
Garbatella

ROMFÜHRER FÜR GENIESSER

MÄRKTE

❶
Mercato Campo de' Fiori (Campo de' Fiori)
Piazza Campo de' Fiori
Zentralster Markt Roms in der malerischen Umgebung des Centro storico.

❷
Mercato Rionale Niccolini (Monteverde Vecchio)
Via Giovanni Battista Niccolini
Beliebtester Markt im Viertel für hochwertige Frischwaren, Fleisch und Fisch.

❸
Mercato Testaccio (Testaccio)
Via Aldo Manuzio 66B
mercatoditestaccio.it
Moderner überdachter Markt mit traditionsreichen familiengeführten Ständen und hervorragendem Streetfood.

❹
Mercato San Cosimato (Trastevere)
Piazza San Cosimato
Klein, aber quicklebendig – der charmante Markt ist bei den Einheimischen sehr beliebt.

❺
Mercato Trionfale (Trionfale)
Via Andrea Doria
mercatidiroma.com/mercato-trionfale/trionfale
Roms größter Markt unweit des Vatikans mit Lebensmitteln aller Art. Überdacht.

FEINKOST

❻
La Tradizione (Cipro)
Via Cipro 8 *latradizione.it*
Alteingesessener Feinkostladen im Viertel Cipro und Käsegeschäft, das eine Auswahl von 400 Sorten vorzuweisen hat.

❼
Beppe e i Suoi Formaggi (ehem. Jüdisches Ghetto)
Via Santa Maria del Pianto 9/A
Käseparadies im jüdischen Ghetto; verkauft auch fantastische Weine und geräuchertes Fleisch.

❽
Ercoli (Parioli / Prati / Trastevere)
Viale Parioli 184 (Parioli)
Via Montello 26 (Prati)
Via Giggi Zanazzo 4 (Trastevere)
ercoli1928.com
Ein fast 100 Jahre alter Tempel der italienischen gastronomischen Spitzenklasse.

❾
Volpetti (Testaccio)
Via Marmorata 47
volpetti.com
Gourmet-Geschäft in Testaccio mit getrockneten und frischen Produkten, sehr hochwertigen Wurstwaren und Käse.

❿
Antica Caciara (Trastevere)
Via di San Francesco a Ripa 140
Eines der besten Käsegeschäfte in Rom und garantiert der Stolz von Trastevere.

⓫
La Norcineria Iacozzilli (Trastevere)
Via Natale del Grande 15
Pieros Porchetta ist der Star unter den Wurstwaren, dem Käse und anderen Waren.

LEBENSMITTELGESCHÄFTE

⓬
Ercoli (Parioli / Prati / Trastevere)
Viale Parioli 184 (Parioli)
Via Montello 26 (Prati)
Via Giggi Zanazzo 4 (Trastevere)
ercoli1928.com
Besuchen Sie dieses renommierte Kaufhaus und decken Sie sich mit allen erdenklichen italienischen Produkten ein.

⓭
Castroni (Prati and other locations)
Via Cola di Rienzo 196/198
Hier gibt es seit 1932 hochwertige Soßen, eingelegte Waren, Gewürze und Süßigkeiten aus Italien und anderen Ländern.

FEIN ESSEN GEHEN

14

Il Pagliaccio (Campo de' Fiori)
Via dei Banchi Vecchi 129a
ristoranteilpagliaccio.com
Immer wieder überraschende und kreative Gerichte des Kochs Anthony Genovese und seines mit zwei Michelin-Sternen ausgezeichneten Hauses.

15

Idylio by Apreda (Centro)
Via di Santa Chiara 4/A
thepantheonhotel.com/en/idylio-by-apreda-2
Der berühmte Koch Francesco Apreda bringt italienische und asiatische Einflüsse mit einem Hauch von Flair zusammen.

16

Aroma (Colosseum)
Via Labicana 125 *manfredihotels.com/aroma*
Unvergleichliche Aussicht auf das Kolosseum als atemberaubender Hintergrund für ein unvergessliches Essen.

17

Ristorante All'Oro (Flaminio)
Via Giuseppe Pisanelli 25
ristorantealloro.it
Verspieltheit, Kunstfertigkeit und Technik vereinen sich zu köstlich spektakulären Ergebnissen.

18

La Pergola (Monte Mario)
Via Alberto Cadlolo 101
romecavalieri.com/la-pergola
Speisen Sie in Roms einzigem Restaurant mit drei Michelin-Sternen ganz groß und extravagant.

19

Enoteca La Torre (Prati)
Lungotevere delle Armi 22
enotecalatorreroma.com
Essen mit Michelin-Stern in einer exquisiten Art-déco-Villa, die der Familie Fendi gehört.

20

Imàgo (Spagna)
Piazza Trinità dei Monti 6
hotelhasslerroma.com/en/restaurants-bars/imago
Faszinierende Aussicht und raffinierte Neuinterpretationen italienischer Lebensmittel, Aromen und Traditionen.

21

Glass Hostaria (Trastevere)
Vicolo de Cinque 58 *glasshostaria.it*
Hervorragendes Michelin-Stern-Essen bei Roms einziger solchermaßen ausgezeichneter Köchin Cristina Bowerman.

22

Zia Restaurant (Trastevere)
Via Goffredo Mameli 45
ziarestaurant.com
Intimes Restaurant mit innovativer Karte, geschickt und liebevoll von einem jungen Team zubereitet.

RESTAURANTS

23

Emma (Campo de' Fiori)
Via del Monte della Farina 28
emmapizzeria.com
Stilvolle Location. Hier werden Exzellenz und Qualität italienischer Erzeugnisse zelebriert.

24

Il Sanlorenzo (Campo de' Fiori)
Via dei Chiavari 4/5
ilsanlorenzo.it
Allerfrischester Fisch und Meeresfrüchte sind in diesem schicken, klassischen Restaurant die Stars der Show.

25

Pianostrada Laboratorio di Cucina (Campo de' Fiori)
Via delle Zoccolette 22
Dieses schicke, moderne Schmuckstück mit herrlichem, nach hinten gelegenem Garten wird von Frauen geführt.

26

Pierluigi (Campo de' Fiori)
Piazza de' Ricci 144
pierluigi.it
Restaurant für raffinierte Gerichte mit Fisch und Meeresfrüchten, das eine exklusive internationale und römische Kundschaft anzieht.

27

Roscioli (Campo de' Fiori)
Via dei Giubbonari 21
roscioli.com
Restaurant, Weinbar und Feinkostladen, stylish, konzentriert sich auf hochpreisige Produkte.

28

Baccano (Centro)
Via delle Muratte 23
baccanoroma.com
Elegantes Bistro mit New-York-Atmosphäre, hervorragende Cocktails und durchgehend warme Küche.

29

Da Gino al Parlamento (Centro)
Vicolo Rosini 4
ristoranteparlamento.roma.it
Traditionelles Ambiente mit klassischen Gerichten, freundlichem Service und kitschiger Deko.

30

Madeiterraneo (Centro)
Via del Tritone 61 *madeiterraneo.com*
Frische mediterrane Aromen bilden den Schwerpunkt dieses Panoramarestaurants mit Blick über die Dächer von Rom.

31

Retrobottega (Centro)
Via della Stelletta 4
retro-bottega.com
Gefeierte innovative und kreative Küche im Herzen des Centro storico.

32

Retro Vino & Caffè (Centro)
Via d'Ascanio 26A
retro-bottega.com/retrovino
Das Team der Retrobottega offeriert eine entspannte Atmosphäre, großartige Weine und eine eher leichte Speisekarte.

33

Il Sorpasso (Prati)
Via Properzio 31/33
sorpasso.info
Beliebter Ort in Prati für hervorragendes Essen zu Mittag oder Abend, ferner Cocktails und durchgehend Snacks.

34

Osteria Fernanda (Trastevere)
Via Crescenzo del Monte 18
osteriafernanda.com
Moderne Umgebung und ausgezeichnete Fischgerichte und Meeresfrüchte in den malerischen Seitenstraßen von Trastevere.

TRATTORIA

35

Armando al Pantheon (Centro)
Salita de' Crescenzi, 31
armandoalpantheon.it
Authentische, perfekt umgesetzte Cucina romana im Schatten des Pantheons.

36

Trattoria Pennestri (Ostiense)
Via Giovanni da Empoli 5
trattoriapennestri.it
Gehobene Trattoria, die römische Klassiker auf hohem Niveau und in freundlichem, gemütlichem Ambiente serviert.

37

Santo Palato (San Giovanni)
Piazza Tarquinia 4
santopalato.superbexperience.com
Traditionelle Quinto-Quarto-Gerichte (Innereien) in moderner Version.

38

Flavio al Velavevodetto (Testaccio)
Via di Monte Testaccio 97
ristorantevelavevodetto.it
Favorit bei Einheimischen; in eine antike römische Lagerstätte hineingebaut.

39

Da Enzo al 29 (Trastevere)
Via dei Vascellari 29
daenzoal29.com
Erleben Sie eine echte römische Trattoria in diesem familiengeführten, winzigen Lokal.

40

Osteria der Belli (Trastevere)
Piazza di Sant'Apollonia 11
Sardische und römische Spezialitäten, insbesondere Fisch und Meeresfrüchte.

STREET FOOD

41

Mercato Centrale (Termini)
Via Giovanni Giolitti 36 *mercatocentrale.it/roma*
Eine Art großes Gastronomiezentrum mit mehreren Etagen, zentral gelegen beim Bahnhof Termini.

42

Mordi e Vai (Testaccio)
Box 15, Testaccio market
Via Beniamino Franklin 12
Probieren Sie hier auf dem Markt in Testaccio, wo sich Einheimische treffen, die besten Sandwiches in Rom.

43

I Supplì (Trastevere)
Via di S. Francesco a Ripa 137
suppliroma.it
Hier bekommt man Supplì, gesundes Essen für unterwegs oder die beste Pizza Marinara in Rom.

44

Supplizio (Campo de' Fiori)
Via dei Banchi Vecchi 143
supplizioroma.it
Erstklassige Fritti und hervorragende Snacks zum Mitnehmen von dem gefeierten Koch Arcangelo Dandini.

45

Trapizzino
(Trastevere & various locations)
Piazza Trilussa 46
trapizzino.it
Lieblingssnack der Römer; mit köstlichen selbst gekochten Kombinationen gefüllte Pizzataschen.

GELATO

46

Gelateria del Teatro
(Campo de' Fiori / Centro)
Lungotevere dei Vallati 25 (Campo de' Fiori)
Via dei Coronari 65/66 (Centro)
gelateriadelteatro.it
Authentisches Gelato direkt im Herzen der Stadt, aus frischen Zutaten komplett selbst zubereitet.

47

Günther Gelato (Campo de'Fiori / Centro)
Via dei Pettinari 43 (Campo de' Fiori)
Piazza di Sant' Eustachio 47 (Centro)
gunthergelatoitaliano.com
Mit handverlesenen Zutaten und einem Schuss Kreativität gehört Gunther Rohreggers Gelato zu den besten.

48

Fatamorgana
(Campo de' Fiori / Centro / Monti / Trastevere)
Via dei Chiavari 37/A (Campo de' Fiori)
Via Laurina 10 (Centro)
Piazza degli Zingari 5 (Monti)
Via Roma Libera 11 (Trastevere)
gelateriafatamorgana.com
Moderne Gelateria, die Tradition mit innovativen Einflüssen anbietet und Geschmacksrichtungen, die den Gaumen kitzeln.

49

Gelateria dei Gracchi (Centro / Prati)
Via di Ripetta 261 (Centro)
Via dei Gracchi 272 (Prati)
gelateriadeigracchi.it
Wird von den Einheimischen geliebt. Die Qualität des Gelato von Gracchi enttäuscht nie.

50

Otaleg (Trastevere)
Via di San Cosimato 14/A
otaleg.com
Gourmet-Gelato, das Saisonalität mit einer Dosis Kreativität zu spektakulären Ergebnissen verbindet.

PASTICCERIA UND FORNO

51

Antico Forno Roscioli (Campo de' Fiori)
Via dei Chiavari 34
anticofornoroscioli.it
Eine der besten Bäckereien der Stadt mit sämtlichen Klassikern; herausragend ist die Pizza bianca.

52

Cinquelune (Centro)
Corso del Rinascimento 89
5luneroma.it
Tradition ist Herz und Seele dieses historischen Gebäckgeschäfts. Seit 1902 wird es von der Familie geführt.

53

Regoli (Esquilino)
Via dello Statuto 60
pasticceriaregoli.com
Die Kuchen und Torten aus dieser römischen Institution in Esquilino enttäuschen nie.

54

Barberini (Testaccio)
Via Marmorata 41
pasticceriabarberini.it
Mit der verlockenden Auslage seiner Köstlichkeiten ist das Barberini in Testaccio beliebt, wenn es um Kuchen, Torten und Kaffee geht.

55

Biscottificio Innocenti (Trastevere)
Via della Luce 21
Machen Sie im Haus der Kekse, das seit Generationen in Stefania Innocentis Familie ist, eine Zeitreise in die Vergangenheit.

56

Pasticceria Trastevere (Trastevere)
Via Natale del Grande 49
Das beste Kuchen- und Tortengeschäft in Trastevere zählt bei allen Einheimischen zu den Favoriten.

57

Valzani (Trastevere)
Via del Moro 37
pasticceriavalzani.it
In diesem Geschäft für Kuchen, Torten und Schokolade, dessen Düfte Sie betören werden, fühlt sich das Gestern wie das Heute an.

PIZZA

58

Emma (Campo de' Fiori)
Via del Monte della Farina 28
emmapizzeria.com
Die hohe Qualität der Zutaten hat in dieser modernen Pizzeria absolut Priorität.

59

180 grammi (Centocelle)
Via Genazzano 32
180 gpizzeriaromana.com
Perfekt angekohlte Pizza und sensationelle Fritti in den östlichen Außenbezirken.

60

Pizzarium (Cipro)
Via della Meloria 43
bonci.it
Gourmetpizza al Taglio von Roms berühmtem Pizzabäcker Gabriele Bonci.

61

Sant'Isidoro Pizza & Bolle (Prati)
Via Oslavia 41
pizzaebolle.it
Stylish; auf Pizza im neapolitanischen Stil und Sekt spezialisiert.

62

Casa Manco (Testaccio)
Box 22, Testaccio market, Via Beniamino Franklin 12 (Testaccio)
casamanco.it
Pizza mit feiner Kruste und innovativen, saisonalen Belägen; wird nach Gewicht verkauft.

63

Da Remo (Testaccio)
Piazza di Santa Maria Liberatrice 44
Vielen Römern zufolge die beste Pizza der Stadt.

64

Ai Marmi (Trastevere)
Viale di Trastevere 53/59
Hier sitzen Sie Ellenbogen an Ellenbogen bei diesem höchst römischen Pizza-Erlebnis.

65

Da Ivo (Trastevere)
Via di San Francesco a Ripa 158
ivoatrastevere.it
Ein im Viertel Trastevere sehr beliebter Ort wegen der guten Pizza und der schönen Atmosphäre.

66

I Supplì (Trastevere)
Via di S. Francesco a Ripa 137
suppliroma.it
Diese Institution in Trastevere verkauft ausgezeichnete Pizza al Taglio.

67

L'Elementare (Trastevere)
Via Benedetta 23
pizzerialelementare.it
Dünne, knusprige Pizza nach römischer Art bekommt mit erstklassigen Belägen einen modernen Auftritt.

68

Seu Illuminati (Trastevere)
Via Angelo Bargoni 10/18
seu-pizza-illuminati.business.site
Bestes Gourmet-Pizza-Erlebnis der Stadt.

69

Spiazzo (Trastevere)
Via Antonio Pacinotti 83
pizzeriaspiazzo.it
Kreative Pizza und Craftbeer vereint in coolem Industrie-Ambiente.

ROOFTOP-BARS

70

Adele Mixology Lounge (Centro)
Hotel Splendide Royale,
Via di Porta Pinciana 14
robertonaldicollection.com/ristorante-mirabelle/it/adele-mixology-lounge
Punktet mit einem atemberaubenden 360°-Ausblick; zählt zu den glamourösesten Bars der Stadt.

71

Cielo Terrace (Centro)
Hotel de la Ville, Via Sistina 69
roccofortehotels.com/hotels-and-resorts/hotel-de-la-ville/dining/cielo-terrace
Spektakuläre Location und hervorragende Cocktails. Ein echter Ort zum Sehen und Gesehenwerden.

72

Otto Rooftop (Centro)
W Hotel, Via Liguria 26/36 *marriott.com/en-us/hotels/romwv-w-rome/dining*
Die grüne Oase bietet Drinks, Snacks, DJ-Sets und eine unaufgeregte Atmosphäre.

73

Up Sunset Bar (Centro)
Via del Tritone 61
upsunsetbar.com
Gehen Sie in die oberste Etage des Rinascente-Kaufhauses und genehmigen Sie sich ein Getränk und eine Dosis römische Skyline.

74

The Court (Colosseum)
Via Labicana 125 *manfredihotels.com/en/the-court*
Direkt vor dem Colosseum. Beeindruckender als hier wird die Aussicht nicht.

75

Oro Bistrot (Piazza Venezia)
NH Collection Fori Imperiali,
Via di Santa Eufemia 19
orobistrot.it/aperitivo-rooftop-roma
Geben Sie sich dem Zauber Roms an diesem perfekt platzierten Aussichtspunkt am Forum hin.

76

Terrazza Borromini (Piazza Navona)
Via di Santa Maria dell'Anima 30
terrazzaborromini.com
Genießen Sie einen Spritz zwischen den Kirchenkuppeln mit Blick auf die Piazza Navona aus der Vogelperspektive.

COCKTAILS

77

Salotto 42 (Centro)
Piazza di Pietra 42
salotto42.it
Fachmännisch zubereitete Drinks auf einer Bilderbuch-Piazza mit dem Hadrianstempel als antike Kulisse.

78

Stravinskij Bar (Centro)
Via del Babuino 9
roccofortehotels.com/hotels-and-resorts/hotel-de-russie/dining/stravinskij-bar/
Der herrliche versteckte Garten des Hotel de Russie bietet diesem begehrten VIP-Treff einen Raum.

79

Drink Kong (Monti)
Piazza di San Martino ai Monti 8
drinkkong.com
In dieser preisgekrönten Bar trifft coole Deko auf moderne Mixologie.

80

The Jerry Thomas Project (Piazza Navona)
Vicolo Cellini 30
thejerrythomasproject.it
Roms erstes Speakeasy; Atmosphäre und Cocktails enttäuschen nie.

81

Freni e Frizione (Trastevere)
Via del Politeama 4
freniefrizioni.com
In dieser Institution in Trastevere sitzen Sie in Schulter an Schulter mit den Einheimischen.

REGISTER

REGISTER DER REZEPTE

DANKSAGUNGEN

Die Ewige Stadt war ein wahres Werk der Liebe ...

La città eterna ging aus meinem ersten Buch hervor und ist ein wahres Werk der Liebe, eines, das ohne die wunderbare Unterstützung und die Beiträge der nachfolgenden Menschen gar nicht möglich gewesen wäre. Meine engste Familie, die treuen Konstanten in meinem Leben und meine größten Fans; die Entfernung trennt uns nicht: Anthony, Kali, Lara, Massimo und Marco und insbesondere meine Mutter und mein Vater, Fred und Lina, weil sie mir eine unerschütterliche Wertschätzung meines italienischen Erbes mitgegeben haben, das mich definiert. Von Kindheit an haben sie mich angespornt, mir hohe Ziele zu setzen, und ich werde ihnen ewig dankbar sein.

Meine wunderbare Schwester Lara, weil sie sich auf meine verrückte römische Welt eingelassen hat, weil sie meine Träume immer selbstlos unterstützt und weil sie bei all meinen Büchern jeden Abschnitt liest, bevor er in den Druck geht (und zwar zu jeder Zeit, sogar auf dem Meer). Ich widme ihr dieses Buch.

Tania Nikoletakis für ihre außerordentlich hilfreiche Textberatung, Fiona Graham für ihre Hilfe dabei, Kindheitserinnerungen in Prosa zu verwandeln, Carla Andronaco, die auf das Erscheinungsbild geachtet hat, Fulvia Martona für ihre unerschöpfliche italienische Poesie, ihre Übersetzungen und ihren Glauben an mich und meine verrückten Träume (und dafür, dass sie mir vor Jahren sagte, ich würde eines Tages ein Buch schreiben).

Ich danke Kate Zagorski und Angelo Preziosi (und Emilia!). Die Welt hat nicht genug Gin, um euch für euren Rat, euren Beistand bei den ersten Rezeptübersetzungen, eure Rezepte, euer Kochen und euren Humor zu danken. Toni Brancatisano, meiner Co-Australierin in Rom, für deine Back- und Kochkünste, deine Rezepte und Rezeptverkostungen.

Danke, Paul McNally, dass du an mich geglaubt und etwas riskiert hast. Ein ganz großes Dankeschön an das Team hinter der Entstehung dieses Buchs: Aisling Coughlan, Katri Hilden und Murray Batten sowie vor Ort: Alice Kiandra Adams, Elisabetta Busini, Carla Tomasi, Marianna Martone, Andrea Federici und Giorgia Nofrini.

Ein Riesendank geht an Andrea Di Lorenzo für die schönen Porträts von mir, an Natalino Gisonna und das Team von Corso 281, an Riccardo di Giacinto, Ramona Anello und Chille Grande bei Mediterraneo, Up Sunset Bar und Ristorante All'Oro, an Jennifer Bogo für ihre Liebe, und Robyn Woodman für die Gelassenheit. Ich danke meinen Freunden in Rom, dass sie meine Familie und meine Unterstützer fern von Australien sind, und all den Laden- und Restaurantbesitzern, Römerinnen und Römern, die einen besonderen Platz in meinem Herzen haben. Danke für eure geschätzten Rezepte oder für die Erlaubnis, eure Geschichten zu erzählen: Antico Forno Roscioli und Restaurant, Federico Delmonte, Piero Drago, Jacopo Ricci, Alba Esteve Ruiz, Da Enzo al 29, Osteria der Belli, Pizzeria Da Ivo, Enoteca La Torre, Stefania Innocenti und Manuela del Gobbo vom Biscottificio Innocenti, The Jerry Thomas Project, Fatamorgana Gelateria, Signor Roberto und Signora Anna von der Antica Caciara, Marco Lori, I Supplì, Paolo Tocchio, Marco Radicioni, Luca Sessa, Sabrina Tocchio, Stefano Callegari, Paola Bacchia, Agostino und das gesamte Team von Trapizzino, Laura Ravaioli, Gina Tringali und die Käsegöttin Eleonora Baldwin. Außerdem danke ich meinen wunderbaren Freunden, die ihre Rezepte und ihre Herzen mit mir geteilt haben: Fernanda Menozzi, Viviana Gori, Maurizio Misso und Eleonora Chiari.

Ein dickes Dankeschön geht an Beatrice Mencattini, Chiara di Fonzo, Flavia Campailla, Paolo Dianini und das gesamte Barteam im Hotel de Russie, Barbara Manto, Angelo Severini und MitarbeiterInnen im Rome Cavalieri, Waldorf Astoria Hotel. Und ein Dank von ganzem Herzen an die Köchin Cristina Bowerman – für deine Großzügigkeit, Freundlichkeit und deine Ermutigung.

Herzlichst danke ich all meinen RezepttesterInnen: Lina Pasquale, Lara Pasquale, Kali Pasquale, Angela Pasquale, Lisa Pasquale, Tania Nikoletakis, Anna Calcagno, Danielle Guarnaccia, Paula Mannello-Mammoliti, Lucia Mannello, Maria Hope, Connie Caratozzolo, Diana Tandora, Laura Franzo, Justine Marchitto, Fernando Garcia, Maria Colosimo, Valerie Pancari, Patricia De Fazio, Lora Caruana, Anita Bekavac, Christine Kelso und Meg Kolac.

Mein ewiger Dank geht an das unglaubliche Team, das mit mir an La città eterna gearbeitet hat: die talentierte Designerin Vanessa Masci, den Fotografen Mark Roper, die Stylistin Deborah Kaloper, das Küchenteam Caroline Griffiths, Jane O'Shannessy und Claire Piertersen, die Schriftsetzerin Heather Menzies, die Korrekturleserin Eugenie Baulch und ganz besonders an meine Superstar-Lektorin Avery Hayes. Ich danke euch auf ewig.

Und ich danke den Followern meines Blogs *HeartRome*, danke, dass ihr mich seit über zehn Jahren begleitet und Rom so liebt wie ich. Dieses Buch gehört genauso euch wie mir.

ÜBER DIE AUTORIN

Maria kam im australischen Melbourne als Kind italienischer Eltern zur Welt und wusste immer, dass Rom ihr Schicksal ist.

Sie beendete ihr Studium an der Universität Melbourne im Jahr 2001 mit einem doppelten Abschluss in den Geisteswissenschaften Politikwissenschaft und Geschichte sowie dem übergreifenden Fach Public Policy und Management. Sie begann ihre berufliche Laufbahn als Beraterin der Landesregierung in Victoria. Ihre Leidenschaft für das Schreiben und für Kommunikation führte sie schließlich in die Welt der PR und der Events, und im Alter von 30 Jahren hatte sie schon eine eigene Firma gegründet.

Mit über 20 Jahren Arbeitserfahrung im öffentlichen, privaten und kommunalen Sektor ist sie eine ausgewiesene Fachfrau für PR, Events und Social-Media-Strategie. Sie war für internationale Kunden tätig, darunter MasterCard, Tourismusgremien sowie Luxusunterkünfte und Reiseunternehmen.

Seit 2011 lebt sie in Rom und ist heute eine mit Preisen ausgezeichnete Food-and-Travel-Autorin und Journalistin; Beiträge von ihr erscheinen regelmäßig in *USA Today*, *Condé Nast*, *Fodor's*, *CNN* und *The Telegraph*. Sie hat einige der größten Köche der Welt interviewt und Tausende von Stunden damit verbracht, mit leidenschaftlichen und engagierten Foodlovers auf der ganzen Welt zu reden und von ihnen zu lernen.

Als schamlose Romantikerin (wobei Rom ihre große Liebe ist) rief Maria 2011 ihren Lifestyle-Blog *HeartRome* ins Leben. Er hat LeserInnen in über 100 Ländern, 45 000 Follower in den sozialen Medien und wurde unter anderem in *BBC Travel* und *Vogue* vorgestellt. 2021 bezeichnete die italienische Zeitung *La Repubblica* sie als eine der einflussreichsten Reisexpertinnen Roms.

Maria hat sich eine Existenz aufgebaut, indem sie ihre Fähigkeiten und Erfahrungen mit ihrer echten Leidenschaft für Neues und der Liebe zu Geschichte und Kultur des Essens verknüpfte. Sie hat nicht nur diese Reise von Melbourne nach Rom gemacht, sondern ist auch um die Welt gereist, von Oslo nach Paris, von New York nach Hongkong und von Dubai nach Sankt Petersburg.

Einmal ist sie – das ist eine wahre Geschichte – quer durch Europa geflogen, um an einem Tisch mit lauter ihr unbekannten Menschen zu essen, weil man ihr einen Last-minute-Platz in einem weltberühmten Michelin-Stern-Restaurant anbot. In ihrem unstillbaren Verlangen, die kulinarische Welt zu entdecken und zu erforschen, begeistert sie sich für Neueröffnungen und Würdigung alter Traditionen gleichermaßen.

In Rom finden Sie sie beim Bummel durch die Straßen von Trastevere, wenn sie die neueste Bar für einen Aperitivo ausprobiert oder mit Freunden in einer hiesigen Trattoria isst.

2017 erschien Marias erstes Buch, *I Heart Rome*; 2021 folgte *How to Be Italian. Die Ewige Stadt* ist Marias drittes Buch.

S·P·Q·R

»Aus der Kuppel des Petrusdoms kann man alle bedeutsamen Objekte in Rom sehen ... man kann ein Panorama sehen, das vielfältig ist, weit, schön für das Auge und in der Geschichte glorreicher als jedes andere in Europa.«

MARK TWAIN

Bibliografische Information der Deutschen Nationalbibliothek
Die Deutsche Nationalbibliothek verzeichnet diese Publikation in der Deutschen Nationalbibliografie. Detaillierte bibliografische Daten sind im Internet über https://dnb.de abrufbar.

Für Fragen und Anregungen
info@m-vg.de

Wichtiger Hinweis
Ausschließlich zum Zweck der besseren Lesbarkeit wurde auf eine genderspezifische Schreibweise sowie eine Mehrfachbezeichnung verzichtet. Alle personenbezogenen Bezeichnungen sind somit geschlechtsneutral zu verstehen.

1. Auflage 2023

Türkenstraße 89
80799 München
Tel.: 089 651285-0
Fax: 089 652096

Übersetzung: Martina Fischer
Redaktion: Ulrike Reinen
Umschlaggestaltung: Manuela Amode
Copyright Rezepte und Text © Maria Pasquale
Copyright Design © Smith Street Books
Copyright Food Fotografie © Mark Roper
Copyright Location Fotografie: © Andrea Federici, S. 24 (links und rechts unten), 41, 57, 75 (rechts), 96, 104 (unten links), 136 (unten links), 160 (unten rechts), 173, 209; Seu Illuminati, S. 104 (oben links); Otaleg, S. 104 (oben rechts); Ristorante All'Oro, S. 105; Andrea Di Lorenzo, S. 250, 253
Stock Fotografie © alamy.com, istockphoto.com, pexels.com und shuttertstock.com
Satz: Verena Koch
Druck: COULEURS Print & More, Köln
Printed in Slovenia

ISBN Print 978-3-7423-2568-6
ISBN E-Book (PDF) 978-3-7453-2347-4
ISBN E-Book (EPUB, Mobi) 978-3-7453-2348-1